下一阶段的进步，是在经历并充实前一阶段的基础上实现的。

——蒙台梭利《微小进步理论》

孩子的敏感期

运动 获得生活中必要的运动能力	孩子依靠自己的意志开展运动，从走路等全身运动到运用手指等细微运动，这一阶段，行动自主会令孩子感到欢喜。
语言 不断学习母语	孩子在胎儿阶段就开始听妈妈的声音，到3岁时，基本掌握母语。这一阶段，他们会对听、说感到无比愉快。
秩序 执着于顺序、场所、习惯	原本什么都不懂的婴儿，开始学习并逐渐理解社会秩序。因此，一旦秩序混乱，他们就会立刻不高兴。
小物件 很想仔细地看小物件	婴儿出生后便开始练习聚焦，他们会将焦点聚集在小物件上面，高高兴兴地仔细看。
感觉 练习"五感"	从3岁左右开始，孩子利用五感对之前吸收的庞大信息进行分类、整理。这是孩子想要清楚地理解事物的时期。
书写 书写比阅读更早开始	与孩子尝试动手的运动敏感期重合，这一时期孩子会被一种强烈的冲动所驱使，他们一边用眼仔细看，一边学习书写。
阅读 沉浸在阅读的快乐之中	特别想阅读身边的文字。看到墙上贴的字，就想读一下。
数数 再长大一点儿，就什么都想数一数	特别喜欢数数，比如"这个多，那个少"，对数字非常有执念。
文化、礼仪 想理解不同的社会文化	对早晚的寒暄、每个季节或者一年内的相关活动兴趣满满。看到大人怎么做，自己就开始模仿。

孩子对某些事情表现出强烈兴趣并反复去做的特定时期，就是蒙台梭利教育所说的"敏感期"。

出生

0岁　1岁　2岁　3岁　4岁　5岁　6岁

6个月—4岁半

胎儿7个月—5岁半

6个月—4岁

1岁—3岁

0岁—6岁

3岁—5岁

4岁—5岁半

3岁—6岁

4岁半—6岁

语言敏感期：
写与读

在听、说的基础上，开始边写边读，喜欢表现自己。

书写比阅读更早开始（3—5岁）。

孩子会用手指比画并乐在其中。

数字敏感期：
数数

4 岁多开始，非常想读数字。

数数时开心得不得了（3—6岁）！

用串珠来进行数字游戏。

感觉敏感期：
比较、区分

过了 3 岁之后，孩子会通过"五感"来寻找同样的东西，或对相关物品进行比较、分类。

全神贯注地按照高低顺序排列分类。

运动敏感期：
日常生活练习

将折、剪、贴、缝、编等动作进行组合，会开展更多的日常活动。

用刀切东西，用打蛋器搅拌奶油，快乐无比！

没有国界的地球仪

刀前面呈圆弧状比较安全。♪

对角折叠

用针线练习缝补，用的都是真的针线。

发展的 4 个阶段

蒙台梭利教育把孩子出生后的 24 年，按照 6 年一个阶段，划分为"发展的 4 个阶段"。需要注意的是不同阶段的颜色问题。橘色表示变化明显，父母要格外注意。对变化期了解的父母与不了解的父母，育儿能力大有不同。

幼儿期

这是孩子成长变化非常明显的一个时期。在这 6 年间，他们要学习并掌握生存必需能力的 80%。具体来说，以 3 岁为界分为前后两个时期。

前期 0—3 岁
无意识地吸收各种东西。学会走路、用手、说话等非常重要的能力。

后期 3—6 岁
通过"五感"，对 0—3 岁无意识吸收的各种信息进行整理，并开始在集体中约束自己。

儿童期

6—12 岁 上小学
比较稳定的时期，可以记住大量东西。这个时期会交许多朋友。

青春期

12—18 岁 上中学
身心发生明显变化的不稳定期，非常担心和周围人疏离。

青年期

18—24 岁 上大学
开始思考自己如何奉献社会，进入稳定的成长阶段。

产生自我肯定感的循环

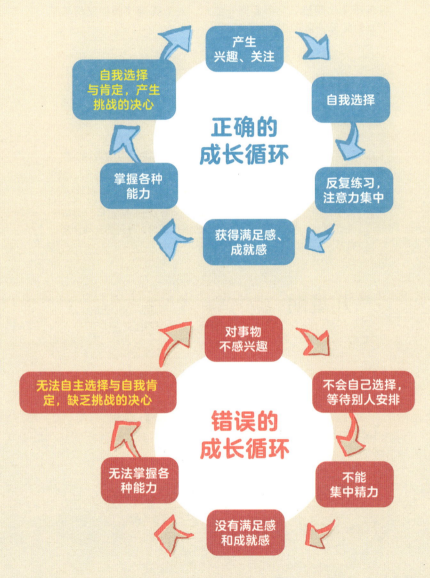

产生
兴趣、关注

自我选择

自我选择
与肯定，产生
挑战的决心

**正确的
成长循环**

反复练习，
注意力集中

掌握各种
能力

获得满足感、
成就感

对事物
不感兴趣

无法自主选择与自我肯
定，缺乏挑战的决心

不会自己选择，
等待别人安排

**错误的
成长循环**

无法掌握各
种能力

不能
集中精力

没有满足感
和成就感

了不起的敏感期

3-6 岁蒙台梭利养育法

[日] 藤崎达宏 / 著

范宏涛 / 译

中国致公出版社

前言

开启"家庭版蒙台梭利教育"

我先讲一个来参加"蒙台梭利教育"育儿课程的 3 岁孩子的故事。

那个孩子自从来到这个育儿课程，2 个小时内一直在用剪刀剪东西。后来妈妈接孩子的时候，露出失望的表情："只是玩剪刀吗？"

如果是你，你会怎么想呢？

可能有人会觉得，"好不容易来了，不应该只是玩剪刀，应该也让孩子尝试一下其他活动"。

但是，换个角度想会怎样呢？

这个孩子开始玩剪刀的时候还笨手笨脚，十分不灵活，怎么也用不好。但是，反复练习之后，孩子变得熟练起来。回家的时候，已经能像模像样地剪出很多不同的图形了。

这个孩子今后一生都能熟练地使用剪刀了。

我觉得，这是一项很棒的技能。

就像我们不会忘记如何骑自行车一样，我们在童年所掌握的相关技能，一辈子都不会忘记。

3—6 岁，是孩子为"掌握自己的人生"做准备，并且快乐、全身心地不断学习外界新事物的关键 3 年。

作为孩子的父母，我们有必要提前掌握有利于孩子成长的正确知识，为孩子提供正确的教育。意大利第一位女医生玛利娅·蒙台梭利开创的蒙台梭利教育正好适合这种"育儿预习"。

我将在卷首语中详细介绍。早在 100 多年前，蒙台梭利就认为，"孩子的未来，一切皆有可能。如果有些事情做不了，那是因为还不具备条件，或者还没有掌握正确的方法。"这种看法，和"孩子什么都不会，什么都不懂"的主流思想完全相反。

此后，"儿童之家"这一外在条件的完善，印证了蒙台梭利的看法。100 多年后的今天，蒙台梭利的教育方式依然在世界上广受欢迎。

我在 50 岁的时候，接触了蒙台梭利教育。之后，我就致力于传播蒙台梭利教育，辞掉了从业 20 多年的外企金融部门岗位，开始到学校工作。当时，同事和家人都想阻止我，觉得"这么做不正常"。

我也不太明白自己当时为什么要做出这样的"无谋之举"。

但是，在后来蒙台梭利教师培训的课程中，当我了解到"人的倾向性"的时候，才知道"将探索和学到的东西教给下一代"这一强烈愿望，不只我有，而是从古至今每个人的血液里都流淌着的本能。于是，我坚定了自己的选择。

蒙台梭利教育是提高孩子的自律力、集中力、创造力的优质教育。目前，很多企业管理者因此受益。

比如，亚马逊的创始人杰夫·贝索斯（Jeff Bezos），维基百科的创始人吉米·多纳尔·威尔士（Jimmy Donal Wales），谷歌的创始人拉里·佩奇（Larry Page）与谢尔盖·布林（Sergey Brin），以及日本"棋圣"藤井聪太等人，都接受过蒙台梭利教育。

不过，蒙台梭利教育也有一个弊端。

那就是可供孩子们使用的专业设施和专业机构非常少。

我在首次接触蒙台梭利教育时，就深感孩子敏感期的重要性，也希望自己的孩子接受这样的教育，却发现附近很少有这样的教育机构。

据说包括"儿童之家"、蒙台梭利幼儿园和托儿所在内，全日本的蒙台梭利学校也不超过 1000 所。

数量还不到所有幼儿教育设施的 2.5%，即使运气好，附近有相关设施，把孩子接来送去，家里也要花费一大笔教育资金。

随着对蒙台梭利教育的深入了解，我明白了让处于敏感期的 0—6 岁孩子接受相应教育对孩子的重要性。

我想各位父母应该和我一样，希望能让孩子在敏感期内接受蒙台梭利教育。

那么，在家里能否实现呢？

这就是家庭版蒙台梭利的出发点。

所谓"家庭版蒙台梭利"，并不是我自创的新词。我的前作《不可思议的潜能：0—3 岁蒙台梭利养育法》颇受广大读者好评，还在泰国翻译出版——泰国版的书名是 *HOME MADE MONTSESORI*。

可以说，让孩子在家里接受蒙台梭利教育，是全世界父母的期待。为了圆大家在家里践行蒙台梭利教育的梦想，我特意将前言的关键词定为"家庭版蒙台梭利教育"。

当然，如果要接受真正的蒙台梭利教育，必须去蒙台梭利学校，那里有标准的蒙台梭利教具和受过专业教育的蒙台梭利教师。这是必不可少的条件。

但是，家庭版蒙台梭利教育的目的，就是在家里创造出一个蒙台梭利学校，让每位家长都取得蒙台梭利教师的资格。

在家里践行蒙台梭利教育，具体如何操作，我将在书中一一说明。如此一来，父母就能够更加深入地理解孩子，同时也能增强父母的自信。

即便时间很有限，只能参照其中的一部分或者无法每天坚持，但践行总比不践行要好。

本书所介绍的内容，都是以我掌握的理论和我的"家庭版蒙台梭利教育"为基础。

对此，我尽可能地减少理论表述，在这基础上，总结了 30 条可供大家参考的事例。

此外，本书的另一主题是提升各位家长的育儿水平。随着技术的进步，电脑和智能手机的升级必不可少。与此相应，为了孩子健康成长，家长的育儿水平也必须有所提高。

到目前为止，我见过很多孩子，但我最喜欢观察3岁以上的孩子。他们的成长，就像草木越过了寒冬，在春天长出新绿，最终开出了鲜艳夺目的花，无时无刻不在发生变化。孩子这一阶段的成长，请各位家长千万不要错过。

最后，我希望本书能让各位家长尽享育儿的欢乐，与孩子一起度过幸福的时光。

藤崎达宏

让孩子"自食其力"的
蒙台梭利教育

预习比复习和反省更重要

大家在学生时代学习过"孩子出生之后如何育儿"的课程吗？

我估计没有人学习过吧。

不过，有了孩子之后，大家会自动地肩负起为人父母的责任。

刚开始带孩子会非常辛苦，有各种不明白的地方。一遇到突发紧急情况，就令人应接不暇。

然而，回首过去 100 多年，孩子基本的成长轨迹不曾改变。

因此，我希望各位父母能够提前了解"你的孩子几个月、几岁的时候，会进入哪个成长阶段，会表现出哪些行为"。

这就像老师在考试前提前告诉学生"我们要在这里出考题"一样。

尽管如此，还是有很多人从来不做"育儿预习"。当然，这也是我要规劝大家的原因。

我觉得，最合适的"育儿预习"，还是蒙台梭利教育。

对此，本书有清晰的介绍。蒙台梭利教育的核心——"敏感期"，明确地讲述了"孩子在成长的过程中，几个月、几岁的时候会发生怎样的变化"。父母只要按照本书的节奏准备就可以了。

需要说明的是，提起"预习"这个词，大家可能会觉得这是试图在孩子小时候就为他们灌输知识的"早教"。其实，蒙台梭利教育与之相反。

父母提前预习育儿知识，便能清楚地了解孩子的成长过程，快乐且充实地完成育儿任务。这种把握时机因材施教的教育，才能真正有的放矢。

所谓有的放矢，关键还是"时机"。如果不提前预习，可能会在不知不觉中忽略孩子的成长时机。

孩子的生长发育很快，一旦时机过去再回头说"啊，那时候如果这么做就好了"，这种"复习"与"反省"已经无济于事。

本书明确介绍了3—6岁的孩子各个年龄段的特征。了解他们的基本特征，在家里便能因材施教。因此，父母想要知道怎么做，只要据此"照本宣科"即可。

蒙台梭利教育法是什么时候、由谁创立的?

1870 年，蒙台梭利教育法的创始人玛利娅·蒙台梭利出生于意大利。当时，日本还是明治维新时期。

如果说 1907 年她创办"儿童之家"为孩子们提供自食其力的环境是蒙台梭利教育的开始，那么蒙台梭利教育法已经有一百多年的历史了。这可真称得上是一个古老的教育方法。

但时至今日，蒙台梭利教育依然广受欢迎，其原因又是什么呢?

我认为最主要的原因是孩子的成长路径虽历经百年，但其"普遍性"未变。

也就是说，即使世界各地的文化风俗有所差异，但孩子的成长规律是不变的。

正是遵循了孩子成长的普遍原理，蒙台梭利教育法才会广受世界人民欢迎。

不仅如此，蒙台梭利教育法还有令人瞩目的地方。

有个词叫"GAFA"，是引领现代社会的企业 Google（谷歌）、Apple（苹果）、Facebook（脸书）、Amazon（亚马逊）的首字母组合。除了苹果公司之外，其他三大公司的创始人在幼儿期都曾接受过蒙台梭利教育。作为时代的宠儿，他们通过蒙台梭利教育学到了什么? 他们的经历，能否为我们孩子的成长提供借鉴? 对此，本书将深入探讨，敬请期待。

蒙台梭利教育是什么样的一种教育？

一百多年前，无论是意大利还是日本，大家都认为孩子什么都不会，他们只要按照父母和老师说的做就可以。人们普遍认为，幼儿期的孩子只要元气满满地在外边玩，到了入学年龄送到小学就行。

对此，蒙台梭利提出了完全相反的意见。

在她看来，"孩子出生，一切皆有可能。如果有些事情做不了，那是因为还不具备物理条件，或者还没有掌握正确的方法"。

为了证明"只要为孩子提供了条件，教给孩子正确的方法，孩子就可以自食其力"，她于1907年在意大利的圣罗伦斯创立了"儿童之家"。

"儿童之家"里面，有桌椅、架子、厕所、洗漱台等，尺寸都是为孩子量身打造的。此外，刀子、剪子等，都是按照孩子的需求准备的真东西。

这样的环境，与孩子们出生的地方完全不同。在这里，他们的生活多姿多彩。

蒙台梭利教育法的本质，就是让孩子相信自己的能力，让父母和老师告诉孩子如何自食其力。

本书的使用方法

本书总结了蒙台梭利教育的 30 条重要法则，各位家长在家里就可以实行。

上一本书《不可思议的潜能：0—3 岁蒙台梭利养育法》主要按照年龄差别来讲述，但过了 3 岁之后，孩子的成长速度加快，对喜欢的领域和对事物的执着程度，在孩子之间会出现较大差异。

▲ 让孩子体验到"我能行"，增加孩子的自信心

本书以 3—6 岁的孩子为对象，也有具体的年龄划分，大家大可放心。如果有的地方无法——对应，大家也不用担心，因为成长的过程基本不变。对于任何事情，都不要急于求成，只有做好当下，才是对孩子最好的关爱。

比如在孩子熟练握笔之前，让他们学会捏、拧、拈等动作，灵活运用手指。

需要特别注意的是，不要为了让孩子早点启智，便对孩子进行早教，促使孩子跳过应有的成长阶段。

各位家长没必要焦急，也没必要追求完美。

要知道，下一阶段的进步，是在经历并充实前一阶段的基础上实现的（蒙台梭利《微小进步理论》）。

我们要相信孩子本身的能力，并告诉孩子如何自食其力。

明白了这些，接下来就让我们一起尝试吧。

目录

Chapter 1

3—6 岁孩子的
5 个敏感期

Keyword **1** **孩子成长的 4 个阶段** ……… 2
　　　　无意识的记忆与有意识的记忆 ……… 4

Keyword **2** **蒙台梭利教育的核心：敏感期** ……… 6

　故事专栏 **不懂蒙台梭利教育也没关系** ……… 10

Keyword **3** **从运动敏感期到日常生活的练习** ……… 12

Keyword **4** **从运动敏感期的实践到活动形式的调整** ……… 20
　　　　有关"折"的活动（3 岁开始）……… 20
　　　　"剪"是手眼并用的最佳活动 ……… 22
　　　　"粘贴"的乐趣 ……… 23
　　　　缝（4 岁开始）……… 26
　　　　结绳与编织（4 岁开始）……… 27
　　　　为什么同一种活动反复多次才有益于大脑？ ……… 28

Keyword **5** **从运动敏感期到关注自己** ———— 29

写一个观察孩子成长的笔记 ———— 29

Keyword **6** **从运动敏感期到关注周围** ———— 34

Keyword **7** **感觉敏感期的表现** ———— 41

掌握逻辑思维的 3 个阶段 ———— 42

Keyword **8** **感觉敏感期的五感练习** ———— 46

视觉 ———— 46

颜色 ———— 48

触觉 ———— 49

听觉 ———— 52

味觉 ———— 54

嗅觉 ———— 55

Keyword **9** **语言敏感期** ———— 56

Keyword **10** **书写敏感期** ———— 62

Keyword **11** **阅读敏感期** ———— 66

Keyword **12** **是否应该提早进行英语教育** ———— 71

英语教育的两大重要性 ———— 71

幼儿时期学习英语的弊端 ———— 73

那怎么办才好呢？ ———— 75

Keyword **13** **数字敏感期** ———— 77

实物、数词、数字三者一致最重要 ———— 78

家庭数学教育 ———— 79

灌输"0"的概念（5 岁开始）———— 81

Keyword ⑭ **数字敏感期的实践方法** ········· 83

Keyword ⑮ **探索科学** 91

Keyword ⑯ **感受自然和季节** ········· 96

故事专栏 **蒙台梭利教育中父亲的角色** ········· 100

Keyword ⑰ **审视环境** ········· 102

告诉孩子如何选玩具 ········· 105

Keyword ⑱ **文化、礼仪的敏感期** ········· 110

Keyword ⑲ **树立正确价值观的"伦理道德"** ········· 117

Chapter
2
教育的最终目的是 让孩子过得幸福

Keyword ⑳ **批评与表扬** ········· 122

蒙台梭利教师不表扬孩子？ ········· 125

Keyword ㉑ **培养孩子的 10 句禁言** ········· 128

Keyword ㉒ **"男女之别"是否已经过时** ········· 132

男孩子不适合蒙台梭利教育？ ········· 135

蒙台梭利学校是不是无法进行集体活动？ ········· 135

Keyword **23** **如何与智能设备打交道** ……… 138

Keyword **24** **上小学前的准备** ……… 143

Keyword **25** **自我肯定感与对社会的肯定感** ……… 149

产生肯定感的瞬间 ……… 150

新时代要掌握什么样的能力？ ……… 150

如何在日常生活中培养孩子的肯定感？ ……… 151

Keyword **26** **儿童期、青春期与青年期** ……… 153

注意"帮团时期" ……… 154

Keyword **27** **"人的倾向性"** ……… 159

何谓"人的倾向性"？ ……… 159

Keyword **28** **为孩子制订教育计划** ……… 164

首都圈 ……… 165

地方城市 ……… 166

Keyword **29** **蒙台梭利教师的 12 条心得** ……… 170

Keyword **30** **真正的全球化与世界和平** ……… 174

结语 ……… 177

Chapter

1

. . . .

3—6 岁孩子的
5 个敏感期

孩子成长的 4 个阶段

关于孩子的成长教育，蒙台梭利是从界定"孩子到底处于哪个成长阶段"开始思考的。

想来想去，蒙台梭利认为最合适的指标就是划出"孩子成长的 4 个阶段"。

大人一般都会觉得孩子就是"大人的缩小版"，随着年龄的增长，孩子的身体生长、心理也会逐渐走向成熟。但蒙台梭利认为，在孩子年龄增长的过程中，他们的身心会发生巨大的变化。这就像蝴蝶一样，产卵、破壳孵虫、蜕皮成蛹、羽化成蝶，变化有时。

这种剧变，其实就相当于"孩子成长的 4 个阶段"。

只有了解这一点，在育儿方面才能得心应手，因此建议大家提前预习育儿知识。

如本书前言所述，人在 0 岁出生，24 岁长大成人，那么这 24 年以 6 年为周期，就可以分为 4 个阶段，即"成长的 4 个阶段"。

0—6 岁上小学之前的阶段是幼儿期，6—12 岁上小学时叫作儿童期，12—18 岁上中学时叫作青春期，18—24 岁上大学乃至研究生阶段叫作青年期。

需要注意的是文前第 7 页图，发展的 4 个阶段划分中，橙色和蓝色区域相互隔开。其中，橙色部分的幼儿期与青春期变化非常大，父母必须加以重视。蓝色的儿童期与青年期总体上比较稳定，父母可以放心一些。

我们要谈的是，处于第一阶段的幼儿期孩子，也就是第一个橙色区域。

从孩子出生到 6 岁上小学的这一期间，无论是日本还是世界其他国家，家长们基本都会觉得"孩子什么都不会，只要按照父母或者老师说的做就可以"，或者认为"学习是上小学之后的事，在这之前只管让孩子玩就行了"。

然而，蒙台梭利给出了完全不同的观点，她认为人在 0—6 岁可以掌握此后人生 80% 的能力，是人生最重要的时期。

诚如所言，每个孩子人生的关键阶段，就是幼儿期。

对此，我们不妨回头再看前面的图（第 7 页图），可以发现第一阶段幼儿期的正中间画了一条红线。

蒙台梭利曾说，这是"神灵在 0—3 岁和 3—6 岁的孩子之间画出的一条线"。

按照这一说法，幼儿期以 3 岁为界，可以分为前期和后期，3 岁是变化的分水岭。

因此，蒙台梭利教师资格证分为 0—3 岁和 3—6 岁两种，这是因为教师的教育方式必须符合孩子的成长变化，我将自己的书分为0—3岁和3—6岁两本，原因就在此。

此前，关于蒙台梭利教育的书籍大部分是以0—6岁的孩子为对象，内容区分比较模糊。本书则主要以3—6岁的孩子为对象，并且大部分内容在家就可以练习。

就像大家根据需要不断升级电脑和手机系统一样，在育儿方面以3岁为界，也要不断调整方式和方法，这样才能跟上孩子成长的节奏。

无意识的记忆与有意识的记忆

以3岁为界，孩子的记忆会发生很大的变化。

0—3岁的孩子拥有"无意识的记忆"，其所见所闻就像摄像一样，在无意识间被大脑吸收。由于吸收的信息量巨大，很容易放入大脑的存储间。

但是3岁之后，孩子会和大人一样，逐渐萌发"有意识的记忆"。于是，他们会产生一种强烈的冲动，想将存储在大脑里面的大量信息清晰地整理出来。

这样一来，视觉、触觉、听觉、味觉、嗅觉等五种感觉就会被充分地调动起来。这就是"知性的萌芽"。

蒙台梭利将3岁称为"知性的界线"，3岁就意味着进入了新的成长阶段。

对此，家长千万要多加注意，关注孩子的成长变化。

成长清单

☐ 孩子的成长分为 4 个阶段，每个阶段的变化都很明显。

☐ 3—6 岁的孩子，处于第一阶段的后期。

☐ 以 3 岁为界，孩子开始产生知性。

蒙台梭利教育的核心：
敏感期

蒙台梭利教育主张在预习育儿知识的基础上，把握孩子成长的敏感期。

所谓敏感期，是指孩子在特定的时间内对某些东西充满强烈的兴趣，并集中精力反复地做这件事。

敏感期分为很多种。正如文前第 2 页图所示，0—6 岁的 6 年间，孩子会经历 9 个敏感期。在 9 个敏感期中，3—6 岁的孩子会经历其中的 5 个：

❶ 运动敏感期。

❷ 感觉敏感期。

❸ 语言敏感期（写、读）。

❹ 数字敏感期。

❺ 文化与礼仪敏感期。

当然，这 5 个敏感期在孩子 3—6 岁期间并非按照顺序出现，总体呈波状，有重叠，也有关联。可以说，每个孩子的敏感期都有其复杂性，其范畴和深度也大相径庭。

不过，只要父母提前了解孩子在敏感期的特征，给予孩子正常的关注，就无须担心。

前段时间有个宝妈问我："我们家 3 岁的孩子能在房间待 1 个多小时不出来，当我回头看时，却发现他已经把 100 多个战队英雄模型按照高低顺序整整齐齐地排好了，您说这孩子没事吧？"

我回答："您家孩子玩得挺好的。"

这个孩子正处于运动敏感期，因此能自由地使用手指，聚精会神地玩游戏。他能摆好那些易倒的战队英雄模型，岂不该欢喜万分？

此外，处于运动敏感期的孩子对高度也会产生兴趣。他会小心地将玩具按照高低顺序排列，顺利完成之后，他会露出满意的笑容。

我又补充道："这是孩子知性的萌芽，他能集中精力，真的很棒！手指的灵活使用是孩子一生的财富，一定要好好守护。"那位宝妈便高兴地回家了。

诸如此类令人不解，甚至看起来十分淘气的行为，都隐藏着孩子成长的痕迹。

对孩子的成长有了正确认识后，父母就不会有孩子"只知道淘气，只会让自己生气"的观念，和打断孩子的行为，而是会去尽力守护孩子的成长。

也就是说，父母前后变化之差异，便在于"了解还是不了解"。这也是为什么我一直提倡预习育儿知识。说到底，在预习育儿方面做得最好的，还是蒙台梭利教育。

其次更重要的是，不管孩子处于什么阶段，这一阶段既然有开始，那就有结束。

比如说敏感期，既然是一种"期限"，那么有开始，当然就有终结。过了6岁，敏感期的典型特征就会基本消失。

蒙台梭利认为，父母或者老师如果忽视了孩子的敏感期，就像"让孩子错过了末班车"。

也就是说，孩子的敏感期只有一次。

这么说虽有些残酷，却是事实。因此，"预习"是有必要的。一旦错过，即使想到"啊，那时候是孩子的敏感期呀，如果我那么做就好了"，也会成为"事后诸葛亮"，于事无补。

有人可能担心，"即使我对敏感期知识反复预习，但如果不去蒙台梭利幼儿园，是不是也会让孩子错失良机？"

大家大可放心，只要家长按照本书的方法预习，锻炼育儿能力，就不会忽视孩子的敏感期。书中所讲的内容，大部分都可以在家里落实。

孩子的敏感期不会"梅开二度"，且非常短暂，只占成长过程的极小部分。不需要每天关注，但要从细微处着手，从力所能及的事情出发，给予孩子应有的关爱。

成长清单

- ☐ 3—6 岁的孩子，会经历 5 个敏感期。
- ☐ 敏感期有始有终。
- ☐ 即使敏感期很短，即使只占很小一部分，即使不用每天关注，但可以肯定的是，一定要多多注意，在细微处给予孩子力所能及的关爱。

不懂蒙台梭利教育也没关系

说了这么多，我并不是说大家不了解蒙台梭利教育就绝对不行。

即便是在普通的幼儿园、托儿所，只要父母和老师在育儿方面方法得当，孩子就会健康成长。我本人就是亲历者。

我的父母压根不知道蒙台梭利教育是什么东西，当然我也从来没有受过蒙台梭利教育。

记得我上幼儿园时，一位年长的老师送给我一辆战车模型，于是我兴高采烈地组装了起来，但组装时有些困难，我想要父亲帮助我。

然而，父亲拒绝了我，并告诉我："好好看说明书，自己就会了。"我也不愿服输，就继续组装，但最终马达没有连接到位，装好的战车无法动起来。

第二天，父亲买了一辆同样的战车模型给我，告诉我："好好看一看说明书，再组装试试。"父亲是个勤俭持家的人，他的举动令我非常感动。

我又试了一次，果然成功了！我至今仍无法忘怀战车模型马达开动时的激动。此后，组装模型便不在话下。

在技术工出身的父亲看来，帮助孩子是轻而易举的事。

但他并没有这么做，而是希望孩子通过亲身实践体验成功的喜悦。

学过蒙台梭利教育后，我也明白了父亲当年这么做的真正用意，因此我对父亲心怀感激。他相信并守护着自己的孩子，深知孩子凭借自己的力量坚持挑战的重要性。

即使没有学习专业育儿知识，只要用正确的方法守护孩子，不需要借助特殊的设施和教育环境，也可以践行蒙台梭利教育。

从运动敏感期到
日常生活的练习

现在，我们从"运动敏感期"开始说起。

从文前的孩子的敏感期一览表中可以发现，运动敏感期会持续很长时间。但是从3岁开始，运动的内容会发生很大的变化。

0—3岁的孩子在运动时，主要以尽可能调动自己的身体为目的，他们会拼命地学习站立、步行、抓、捏、刺、安装、拉等动作，并在熟练掌握后兴奋不已。

过了3岁以后，孩子会尝试活用以前掌握的单一运动，并将这些单一运动组合，熟练地运用到日常生活之中。这就是蒙台梭利教育所说的"日常生活的练习"。

通过日常的反复练习，孩子在进入小学之前，生活中的大部分事务都可以自己完成，无须他人的帮助。

蒙台梭利教育的最终目的，就是让孩子成为自己人生的主人。

正因如此，面对孩子的巨大变化，父母一定要认真守护，做好调整，为孩子的成长提供良好的环境。

是让孩子成为自己人生的主人，还是让孩子只会按照父母的要求"等待指示"，这一切基本上都由3—6岁这3年间父母的守护方式来决定。

也许这么说有些严重，但我希望大家能够充分重视。

蒙台梭利教育所说的"日常生活的练习"，可以分为以下 4 种情况：

①可以调整运动。

②可以照顾自己。

③能为周围的人或物考虑。

④掌握基本的礼仪。

●可以调整运动

3 岁之前，孩子通过努力走动来体验自身运动的乐趣。3 岁之后，就开始进入调整运动的阶段。

比如他们会用剪刀剪东西，用胶水粘东西，尝试使用各种道具。为了灵活使用这些道具，他们就要掌握"调整的能力"，即力与心的调节。这也是"自律"的开始。

我们不妨借助用剪刀剪纸、用胶水粘东西这些活动来分析说明：

①一只手拿折纸。

②另一只手打开剪刀，把纸放在刀刃上，闭合刀刃剪纸。

③剪出自己想要的形状。

④打开胶水的盖子。

⑤用胶水瓶的管子蘸上胶水，先涂在手指上。

⑥用手指在折纸上涂抹胶水。

⑦把涂好胶水的折纸贴在自己想贴的地方。

⑧擦掉剩下的胶水。

⑨不要触摸，等待胶水自然风干。

大家觉得怎么样？其实，这里面包含多种动作。我希望家长们明白，这些动作对孩子而言，是他们形成"自律"的必要条件。

集中反复地练习后，孩子会越来越熟练。3岁以后，他们会记住"自己在熟练中进步"，并品尝到其中的喜悦，这也是运动敏感期的特征。

这一阶段孩子的运动会逐渐复杂，运动水平也会逐渐上升，因此父母的守护就显得十分重要。这里的关键，就是提高"观察力"。

比如前面提到的折纸，对活动过程进行分解，如果孩子在哪一步出了问题，家长也可以及时发现。

是孩子还不会用剪刀连续剪东西，还是胶水的盖子太紧拧不开……这样，父母在观察的过程中，就能知道如何帮助孩子，让他们发挥自己的力量。

再或者，是剪刀的大小不合适，是应该告诉孩子先做一些简单的剪贴活动，还是要将带管的胶水换成胶棒……

　　蒙台梭利教师会经常观察并分解孩子的活动情况，然后思考彻底解决问题的方式。

　　因此，日常生活中，各位家长在动手或者动口之前，应该先观察孩子。只有这样，才能正确洞悉孩子的内在需求。

●可以照顾自己

　　要想成为人生的主人，那么依靠自己的力量完成身边的事务是第一步。蒙台梭利教育将此称为"照顾自己"。

　　只有完成身边的事务，才有精力将目光投向自己以外的人或物。

　　比如，我们可以观察一下孩子早上起床到去幼儿园之前的活动：

　　①早上自己醒来、起床。

　　②刷牙。

　　③洗脸。

　　④吃饭。

　　⑤上厕所。

　　⑥换衣服。

　　⑦背上书包。

　　⑧穿鞋。

▲ 和孩子一起练习穿衣服

　　上述相关活动中，都会有一些需要调整的地方。

比如，孩子穿衣服的时候为什么会感到棘手？一方面是系扣子时出现了问题，另一方面，则是在早上比较忙的时候，孩子穿着衣服，很难教给他们正确的穿衣方法。

因此，要在空闲的时间，把扣子比较大、系起来比较容易的衣服放在桌子上，慢慢地演示给孩子看如何穿衣系扣。

像这样，将有问题的地方单独拎出来，通过慢慢地反复练习，让孩子最终能独自完成的这一过程，蒙台梭利教育称之为"困难的孤立化"。说起来可能稍微有点晦涩，简而言之，只要父母有良好的观察力，关注孩子的相关举动，就可以及时帮助孩子解决成长方面的问题。

● 能为周围的人或物考虑（4岁开始）

做好自己的事后，就会发现"这个世界并非只有自己"，这一认识贯穿一生。在此阶段之前，孩子们基本以自我为中心。为周围的人或物考虑的情况，可以表现为：

①照顾动物、植物。

②帮忙准备饭菜、饭后收拾整理。

③帮忙打扫卫生。

④泡好茶，端给别人。

诸如此类，举不胜举。在这一阶段，孩子会知道自己以外的人或物的存在，从而了解外部环境，体验环境的变化。

再比如，帮助别人，自己会收到感谢。对社会的作用，即"自我有用感"，在未来会成为孩子们自我肯定的源泉。

● 掌握基本的礼仪（4岁半开始）

通过日常生活的练习，不仅孩子的活动能力得到提升，他们也会学着管理自己，并能为身边的人和物考虑。然后，了解生活中的规则，记住日常生活的礼仪，从而举止得体，逐渐提升自己的礼仪修养。

寒暄是礼仪的开始。不同的国家有不同的寒暄方式。孩子不仅要学会本国的寒暄语，还要掌握这些语言使用的时机和场合。

孩子本身就是学习、模仿的天才，大人的言行举止是孩子模仿的主要对象。在这一敏感期，家长们一定要注意言行，为孩子做好表率。

此外，这一时期的孩子也会学着为他人考虑，并进一步了解社会的道德和秩序。

比如，在公共场所或乘坐交通工具时应注意什么，在哪些地方不能大声喧哗等，都是这一阶段需要学习的。

运动敏感期

0—3岁的孩子以尽可能调动自己的身体为目的

具体表现方面，比如：

站立、步行、抓、捏、刺、安装、拉

3—6岁的孩子会将此前学会的动作应用在日常生活中

日常生活练习

有效结合此前学到的动作，
让自己成为人生的主人

"日常生活的练习"，可以分为以下4种情况：

❶可以调整运动。
❷可以照顾自己。
❸能为周围的人或物考虑。
❹掌握基本的礼仪。

成长清单

☐ 3 岁以后，可以通过"日常生活的练习"来促进成长。

☐ 是成为自己人生的主人，还是听从安排过完一生，这一阶段就是分水岭。

☐ 父母的观察力非常重要。

☐ 要知道自己对社会的贡献，明白"自己是有用的"。

从运动敏感期的实践
到活动形式的调整

　　折、剪、贴、缝、编等动作，是通过使用道具，将材料进一步加工来表现自我的一种运动。如果在上小学之前就能熟练掌握，那么就拥有了诸多可以受用一生的能力。

　　与用语言请求他人帮忙相比，通过上述活动自己来完成，难道不是更棒吗？

　　在此，我们不妨简单介绍一下相关活动。

有关"折"的活动（3岁开始）

●折纸（最初且最重要的活动）

　　折纸是日本传统文化之一。孩提时代的折纸练习，即使当了父母、祖父母也不会忘记。这也是我希望孩子们能传承下去的活动之一。从平面的纸到立体的装饰，孩子会逐渐懂得几何学的奥秘。

　　不过，折纸最开始的第一折并不那么容易完成。因此，为了

让孩子收获成功的喜悦，父母要教孩子如何做好第一折。

可以在第一折之前，用笔画好折线，告诉孩子"按照线折"或者"角对角折"，并做好示范。折好后再打开，交给孩子。学会第一折，接下来的折叠就比较简单了。孩子可以按照上述折叠方法自己来折，如此反复折叠、打开，慢慢也就熟练了。

●折叠洗好的衣物（3 岁开始）

纸一类物品比较坚硬，折叠起来比较困难。可以让孩子把洗好的手帕、毛巾或衣物对折，让他们在折叠过程中感受快乐。

●拆解（4 岁开始）

折叠固然重要，拆解纸箱子也是一种不错的尝试。这样孩子可以尝试理解立体构造，也有助于他们将来理解展开的图纸。

孩子"想拆解"的冲动，其实是"想知道该物体结构"的好奇表现。对于 5 岁以上的孩子来说，不仅是箱子，损坏的家电等物件，都可以拿来拆解。

●组装道具（3 岁开始）

像折纸、绘画纸、工作器具、蜡笔、剪刀、胶水、透明胶带等物品，可以放在抽屉里，让孩子自由地拿取、组装。

"剪"是手眼并用的最佳活动

用剪刀剪纸，对于训练手眼联动特别有效，不过这里的关键点，在于剪刀的选择。要重点考虑其是否符合孩子手部发育，选择大小、重量合适的道具。

需要说明的是，蒙台梭利教育在给孩子准备道具的时候，非常重视道具的规格。一把即便比较小，但是剪起来利索、能让孩子充分用力的剪刀，最为合适。

●剪东西（3 岁开始）

可以把不要的明信片剪成宽 1 厘米的小卡片。用笔在上面画线，然后让孩子沿着画上的线去剪。

需要注意的是，孩子经常会忽视剪刀的尖部，因此在剪的时候一定要让孩子注意视线。

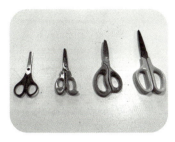

▲ 选择符合孩子手掌大小、有助于孩子成长的剪刀

"粘贴"的乐趣

● 用胶水粘（3 岁开始）

　　我建议使用下图所示的瓶装胶水。这样，可以用手指蘸胶水，然后涂抹，最后贴上，动作的顺序很连贯。

　　对孩子来说，用食指蘸上适量的胶水确实是一件不容易的事情。因此，旁边最好放一

▲ 瓶装胶水和毛巾

条毛巾，以便随时擦拭。近来，很多宝妈都是用湿纸巾给孩子擦手，也有很多孩子只是伸出手来，让老师帮他们擦。但在这里，我建议还是让孩子学会自己擦手比较好。

贴东西的时候，漂亮固然重要，但不考虑美观、只是到处贴满也能让孩子体验"满天星"的感觉。

● 用透明胶带贴东西（3岁开始）

先说说透明胶带的正确使用方法。我推荐下图中带有胶带架的透明胶带。一般来说，我们是一只手拿胶带，另一只手往外抽，但对孩子来说，两只手同时操作比较困难。

如果是带架子的胶带，只要抽出适当长度，在带锯齿的地方向下用力，就能顺利截断。既不用双手都用上，又能考虑到稳定性和重量，所以胶带架是必不可少的。

▲ 带架子的胶带

● 贴纸条（3 岁开始）

对孩子们来说，贴纸条是一项非常有吸引力的游戏。一般来说，要准备以下 3 种东西：

①彩色纸条（剪切同样颜色、同样大小的彩色纸条，放在几个盘子里）。

②底纸（根据情况，多准备几种）。

③盘子（用以放置揭下来的纸条）。

如果孩子在练习中熟练掌握了按照线条贴上去、揭下来这样的动作，那么他们的手指就会越发灵活，注意力也能越来越集中。

如果想进一步增加难度，可以在小纸条中贴一些大纸条，大小混杂，提升孩子的动手能力。

▲ 玩贴纸条游戏，手指更灵活

25

缝（4 岁开始）

近些年来，很多大人都不再缝补衣服，也不再做纽扣。

然而，对这一阶段的孩子来说，缝缝补补是一种很有吸引力的活动，在蒙台梭利学校很受欢迎。要想锻炼孩子的自律性和巧妙使用道具的能力，不妨让孩子在家里尝试练习。

需要准备的东西

- 针（只需要一根比较粗的缝衣针）。
- 针包（针用完之后，一定要习惯性地插到针包上）。
- 丝线（大概准备 4 种颜色的丝线，可以选用孩子喜欢的颜色）。
- 底纸（也可以是比较厚的绘画纸），一般以 13 厘米 ×18 厘米为佳。在上面画上简单的图画，并在线条上点上点。
- 订纸的锥子（用于开孔），一定要配有锥套。
- 软木板。
- 剪刀（小型）。
- 透明胶带。

具体步骤

①在软木板上放上底纸，在带点的部分用锥子开孔。

②孩子选择自己喜欢的丝线，父母帮忙穿针，并在线头处打好结。

③父母从里侧往孔里穿针引线，将缝补动作反复进行几次，让孩子学习。

注意：在使用剪刀、针这些比较危险的工具时，要把桌子面对墙放好，防止孩子从对面过来。

结绳与编织（4岁开始）

结绳系丝，是人生非常重要的能力。刚开始，可以让孩子用比较粗短的绳子进行练习。需要注意的是，要多准备一些绳线。孩子反复练习多次后，就会逐渐熟练起来。首先，可以从"结绳"开始反复练习，"解绳"放在下一阶段比较好。

5 岁之后，可以挑战编织。几周之内，孩子就可以挑战难度较大的编织游戏了。有的家长认为让男孩子练习编织会有点不合时宜，但编织可以锻炼孩子的注意力和持久耐力，在芬兰，编织就是一种十分受欢迎的男性活动。

可以说，折、剪、贴、缝、编这些基本的活动，与今后数十年的人生息息相关，也是能够自食其力的重要表现。

这些只有在孩子处于运动敏感期的时候，通过刺激孩子的手指运动，不断反复练习才可以真正掌握。

特别是手和眼的联动，可以最大限度地促进孩子的大脑发育。

为什么同一种活动反复多次才有益于大脑？

一般来说，大脑被使用得越频繁，大脑神经就越粗，当然也会变得越灵活；不被使用的神经，自然就会被淘汰。这和原野上的道路是同样的道理。

起初，原野草木茂盛，后来人类与野兽经常在同一个地方行走，那些地方会被踩得无比坚硬，从而形成道路。通过同一种活动的练习，孩子大脑中的信号会不断地刺激神经，最终形成畅通无阻的"道路"。

成长清单

- ☐ 折、剪、贴、缝、编等活动可以丰富人生。
- ☐ 道具、素材应整理好放置在桌上，以便孩子自由选择。
- ☐ 反复活动手指，可以让头脑变得更聪明。

从运动敏感期到关注自己

是想成为人生的主人，还是只想等待父母的安排？这里的巨大差距，主要在于自己能否为自己的事情做决定。

写一个观察孩子成长的笔记

那么，父母不妨先从观察自己的孩子，分析具体问题开始做起。

对此，我推荐大家准备一个笔记本，把发现的问题写在里面。

至于写法，大可自由发挥，可以在本子中间画条线，左边写观察到的问题，右边写如何改善，既非常方便，也有利于提升家长们的育儿技能。顺便说一句，蒙台梭利教师在这方面，都受过严格的训练。比如本章第三节列举的：

①早上自己醒来、起床。

②刷牙。

③洗脸。

④吃饭。

⑤上厕所。

⑥换衣服。

⑦背上书包。

⑧穿鞋。

上述各点，各位家长不妨试着一一分析，看看自己的孩子在哪一方面存在问题，哪一方面还不太熟悉，或者是否需要调整环境，还是需要父母教给孩子相应的方法。

比如洗脸，洗漱台前是否有踏台，孩子能否上去？孩子能否打开水龙头并及时关闭？毛巾是否放在孩子可以够得到的地方？

基本每个家庭，早晨的时间都会比较紧张，没有太多空闲。正因如此，家长才要提前做好准备，为孩子创造"自食其力"的条件。

一般来说，一周完成一项练习即可。如果告诉孩子"本周我们一起练习穿鞋"，那么就要在晚上空闲的时间加强训练。如果将练习的时间定在匆忙的时间段，就只能停留在口头"表演"了。

因此，亲子活动要在空闲的时间内，像玩游戏一样反复练习，让孩子在练习中尽享其中的快乐。

一周完成一项，一年就可以完成 50 项左右。切记不要着急！在上小学之前，掌握这些自食其力的能力就可以了。

如果所有事情都由父母代劳，也许刚开始很轻松，但最后永远也不会成为人生的主人。

尽管刚开始有点儿难，但是为了孩子以后能够自食其力，一定要从这些小事做起，日积月累，不断努力。

●养成照镜子的习惯（3 岁开始）

照镜子可以让孩子更加客观地认识自己。家长可以准备符合孩子身高的镜子，因为大人用的镜子，孩子往往只能看到脑袋。

如果流鼻涕的时候父母帮孩子擦掉，孩子就会对此不在意。但如果告诉孩子"照一下镜子看看自己"，孩子就会发现自身的问题。

●换衣服（3 岁开始）

孩子的穿着也很重要。这一时期，给孩子选的衣服要以他们"能自己穿、能自己换"为基准。特别要关注衣服的扣子和拉链，看看孩子系起来是否存在困难。

如果孩子不太会系扣子，那么最好不要让他们直接穿着衣服练习，可以让他们把衣服平放在一张大桌子上练习。这也属于蒙台梭利教育所讲的"困难的孤立化"。

　　过了5岁，孩子就应养成在前一天晚上准备好第二天要穿的衣服和要带的东西的习惯。

　　刚开始可能面临二选一的问题，但是只要提前摆好顺序，第二天便不成问题。从二选一开始锻炼孩子的选择和安排能力，是其把握人生的第一步。

●线上步行（3岁开始）

　　处于运动敏感期的孩子，一般喜欢在矮墙或者路缘石上走。这种做法，其实是孩子正在努力锻炼自己的行走能力。

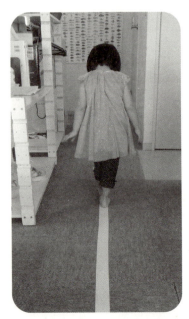

　　3岁之后，孩子开始学习控制自己，于是形成"自律"。这时候，最有效的练习是"线上步行"。

　　一般来说，需要准备2.5—5厘米宽的白色胶带，然后整齐地贴在自家地板上。

　　刚开始，父母先做个示范。父母在走的过程中，一定要认真对待。

　　等孩子稍微大一点儿，

▲ 通过线上步行，学习控制身体

可以让他们手持旗子，头上顶东西，增加难度，以提高孩子的注意力。

线上步行和后面将提到的"肃静练习"一样，在蒙台梭利教育中占据着重要地位。

要想获得真正的自由，就必须控制自己的身体。

要想成为人生的主人，第一步就是自律。

成长清单

- ☐ 准备一个观察孩子成长的笔记本。
- ☐ 一周的时间让孩子完成一项自食其力的活动。
- ☐ 练习的过程中，要像玩游戏一样体验快乐。
- ☐ 照镜子可以提升客观认识自己的能力。

从运动敏感期到关注周围

当孩子能够处理自己的事情后，就会开始关注周围的人或物，这就是运动敏感期中"对周围环境的关心"。

这一时期，孩子会对能够帮助别人感到喜悦，会对自己能为社会贡献力量感到满足，从而产生自我肯定感。

其中，会让孩子感到自己对社会有用的代表做法就是"去帮忙"。

因为处于想助人为乐的敏感期，所以家长应适当地将孩子这种刚刚萌发出的待人的温柔培养起来。

●倒水（3岁开始）

往容器里倒水是孩子最喜欢的活动之一，但孩子要从牛奶盒那种大纸盒里面往外倒东西，往往会出现问题，甚至会因此被责骂。对于这样的练习，我们不妨按下面几步进行：

① 在容器里装入颗粒较大的豆子，让孩子把豆子转移到另一个容器里。

②在容器里装入颗粒
较小的米，让孩子
把米转移到另一个
容器里。

③在容器里装入液体，
让孩子把液体转移
到另一个容器里。

▲ 利用家中的各种容器

倒液体的难点，在于如果没有刻度线，很容易溢出来。通过这样的练习，可以锻炼孩子的自制力。

上图中容器里都是有色液体，在家里也可以配制，只不过有几点需要注意：

① 容器的大小及液体的重量，需要让孩子能拿得动。

②即使不小心溢出一点儿也没有关系。

③在杯子上画一条刻度线，尽量防止液体溢出。

如此反复练习并熟练后，孩子就可以用杯子倒茶或牛奶，以此来服务家人。当孩子听到家人的感谢声时，一定会乐翻天。

▲ 通过倒水游戏，锻炼孩子的自制力

●擦玻璃（3岁开始）

　　用喷壶喷水擦玻璃，也是蒙台梭利学校里很受欢迎的活动。但喷壶的大小一定要适合孩子使用。

注意点

　　不要喷窗外的玻璃。

　　不要让孩子把这项活动当成玩水。

▲ 擦玻璃

●搬东西（3 岁开始）

孩子走路平稳之后，会更愿意一边保持平衡，一边拿着东西走。对此，家长可以准备大小适中的篮子或背包，让孩子尝试去买东西。对处于运动敏感期的孩子来说，稍微重点儿的东西，似乎更有挑战性。

▲ 用托盘搬东西

此外，也可以给孩子准备托盘，让孩子和家长一起做饭。

只要孩子双手托住托盘的两端，让托盘贴着腹部，多次练习后就会越来越熟练。

●切菜（4 岁开始）

用刀切菜，也是蒙台梭利学校中一项颇有人气的活动。也许有的家长会觉得让孩子拿刀切菜十分危险，但只要创造一个良好的环境，教给孩子正确

▲ 创造安全的环境，让孩子体验用菜刀切东西

的方法，让孩子使用安全的工具，就不会出现问题。这项活动能让孩子切实感受到自己对家庭、对社会的有用性。

需要准备的东西

①菜刀（选择适合孩子手掌大小的菜刀）。

②菜刀套（以防伤到他人）。

③菜板（要有稳定性）。

④小擦布（擦拭菜刀和菜板）。

⑤要切的东西（黄瓜、鱼肉肠等长一点的东西）。

⑥小盘子（放置切好的东西）。

⑦牙签（可以用此插着吃东西）。

⑧调料（盐、蛋黄酱等）。

妈妈做饭的样子，会让孩子憧憬不已。因此，随着孩子年龄的增长，应该让他们帮助父母切菜做饭。

随着适合孩子使用的道具逐渐增加，孩子会做的家务也会越来越多。

●削铅笔（5岁开始）

不要为孩子准备电动铅笔刀，一定要选择手动铅笔刀。转动铅笔刀的手柄，是孩子最喜欢的活动之一。转动手柄，只见铅笔变尖，碎屑掉下，真的非常有趣。

需要注意的是，如果让孩子一只手按住铅笔刀，另一只手转动手柄，往往会效果不佳，孩子同时进行两个动作，会非常吃力。因此，要把铅笔刀固定在桌子上，孩子只需转动手柄就可以了。

▲ 固定牢靠

孩子学会削铅笔，便完成了进入一年级的准备。

因此在 5 岁之后，最好让孩子掌握削铅笔，特别是拿小刀削铅笔的技能。

家长可能觉得用刀子危险，但是正因为危险，才一定要教给孩子正确的使用方法。把握削铅笔时的力道，也是"自律"的重要组成部分。

如右图所示，有一种叫作"斜切刀"的专用铅笔刀，用起

▲ 斜切刀

来非常安全，孩子们不妨试一试。

成长清单

☐ 帮助别人会让孩子感觉自己对社会有用。

☐ 处于运动敏感期的孩子，总是喜欢搬运一些东西。

☐ 使用菜刀、小刀之类的工具，是考验孩子控制危险能力的"自律"活动。

感觉敏感期的表现

蒙台梭利将 3 岁称为"知性的界线"，从这一时期开始，孩子就进入了新的成长阶段，也到了"感觉敏感期"。家长们一定不要忽视处于感觉敏感期的孩子。

如前所述，0—3 岁的"幼儿前期"，孩子们看到的、听到的、触摸到的所有东西，会像摄像一样被无意识地全部吸收。吸收进来的大量信息，会暂时以比较凌乱的状态保存下来。

从 3 岁开始，孩子会被一种强烈的冲动所驱使，然后试图有意识地整理并理解这些东西。这就需要运用"五感"（视觉、听觉、触觉、嗅觉、味觉），意味着孩子"感觉敏感期"的到来。

对此，家长在不忽视的同时，还要为孩子提供提升五感的条件。

可以说，养成良好的五感，既是今后人生获得快乐的关键，也是应对人生不确定问题的有力武器。

五感，是 AI（人工智能）技术所不具备的能力。美国认知心理学博士加里·克莱因（Gary Klein）断言："驱动五感可以收集外部信息，进而直接做出预测和判断，这是人类特有的能力。"

处于感觉敏感期的孩子，正在认真努力地践行着"神灵的安排"。

这就像脑海中有个声音在告诉他们"现在你的触觉很发达，要尽可能去用手触摸东西"，或者"现在你不妨尽量去闻一闻各种气味，提升自己的嗅觉"，抑或是"在敏感期结束之前，尽量用自己的五感去感知世界"。

正如有人说蒙台梭利教育是感观教育，在努力提升孩子的五感这一方面，其他教育几乎无法与之匹敌。

掌握逻辑思维的3个阶段

蒙台梭利认为，人类知性的本质，在于区别事物。也就是说，人类会从周围各种事物当中收集同质的东西，区别不同质的东西。这就是逻辑思维的来源，而区别所需要借助的"工具"就是"五感"。逻辑思维，一般可以分为以下3个阶段：

● 第一阶段：同一性

感觉敏感期最早的体现就是追求"同一性"。

如果3岁左右的孩子对同一种颜色或形状的东西充满好奇，那么一般来说这个孩子就是进入了"感觉敏感期"。

比如孩子会说"爸爸妈妈穿了同样的白衬衫"，或者他们开

▲ 3 岁左右的孩子追求同一性

始把积木、玩具小汽车之类的东西摆得整齐有序等，都是感觉敏感期的主要表现。

● 第二阶段：比较

　　追求"同一性"之后，他们便开始"比较"。

　　这个时期的孩子会关注物体的高矮、大小、轻重，以及音量高低等。他们或将玩具由高到低排序，或用双手同时拿东西，以此来衡量轻重。

　　如果发现了这些现象，说明孩子进入了感觉敏感期的第二阶段。

● 第三阶段：分类

对同一类东西进行比较，发现其中的差异之后，就到了第三阶段的"分类"。

带孩子去公园时，孩子会往口袋里面装东西。即使父母多次告诉他们"太脏了，不要装"，孩子也依然不改。对此，如果家长注意观察，就会发现孩子口袋里的东西有所变化。刚开始什么都装，后来只装像籽粒一样的东西，接着会往右口袋里装圆形的籽粒，左口袋装细长的籽粒，形成分类意识。

发现同一性，然后进行比较，再进行分类，这就是我们日常生活中最为普通的"逻辑思考"，而思考所需的"工具"就是"五感"。

需要说明的是，家长首先要意识到自家孩子感觉敏感期的到来，然后带着兴趣，有意识地去判断孩子正在使用五感中的哪一种。

成长清单

☐ 第一阶段：同一性。
☐ 第二阶段：比较。
☐ 第三阶段：分类。

蒙台梭利教育最有名的教具之一"粉红塔"，是一款充分捕捉感觉敏感期孩子特质的好教具。

　　同样的粉红色，同样的立方体，每层只是大小不同。当感觉敏感期的孩子通过比较，发现"由上到下逐渐增大"和"由下到上渐渐变小"的规律后，他们会感到莫大的欢喜，并不断地反复玩耍。

　　最小的立方体大约 1 立方厘米，最大的立方体大约 1000 立方厘米。要说容积，后者正好是 1 升。就相当于在无形中构建起了 1 到 1000 之间的关系。

　　虽然孩子在活动的时候并不知道这样的道理，但蒙台梭利教育不会让孩子仅仅停留在现场的体验上，更会通过活动培养孩子有益的思维方式，获得亲身体验的经历，帮助其成长。这就好比有一只无形的手，在引导着孩子。

keyword
8

感觉敏感期的
五感练习

视觉

在五感之中，"视觉"是向大脑输送信息最多的一种感觉，输送的信息量占整个大脑信息量的七成左右。集中精力多运用视觉，孩子的头脑会更加聪明，理解、整理记忆的能力会更强。对此，不妨从"形"和"色"两方面进行练习。

练习视觉的 3 个阶段

通过视觉来感知外物，然后用语言表达出来，这是孩子在3岁以后要掌握的关键能力。对此，父母一定要知道以下 3 个阶段。

● 第一阶段：传输语言

比如，当孩子拿着一个大球时，会感受到"真是个大家伙""这个球真大"等。如果再有其他大的东西，他们还会说"大"，这种"大"的概念会反复重现。

●第二阶段：比较

接下来是对两者进行比较，然后表达出来。比较的时候，尽量使用同一种东西。

用萝卜和大蒜比较"哪个大哪个小"，有可能会引发混乱。因此，尽可能使用同一类东西进行大小比较。

此外，传达过程中语调稍微夸张一点也没有关系。

视觉比较的 5 个要素：

- 大——小
- 长——短
- 粗——细
- 高——低
- 黑暗——光明

●第三阶段：多元比较（比较级、最高级）

能够对两个东西进行比较并用语言表达后，可以尝试将比较的对象扩展到第三个甚至第四个。

将比较对象按照顺序摆放后，孩子就会指着这些东西说出它们在"逐渐变大"或"依次变小"。

▲ 漂亮的俄罗斯套娃是非常合适的礼物和教具

比较级是问"这个与那个相比哪个大"，而最高级则是问"这里面最大和最小的分别是哪一个"。

颜色

通过视觉所获得的主要信息之一就是颜色。

蒙台梭利学校有专门的教具——色板，家长们在家也可以使用。

● 用折纸进行颜色搭配

将折纸分成两半，对相关颜色进行搭配。

第一阶段：三原色（红、蓝、黄）。

第二阶段：11 种颜色（红、蓝、黄、白、黑、橘、绿、紫、茶、灰、粉）。

这 11 种颜色，可以由三原色与黑、白两色混合而成。

第三阶段：渐变色（明暗）。

比如，即使都是蓝色，也有深浅之分。

为了锻炼孩子的辨色能力，可以将剪开的折纸放在其他地方，再引导孩子把相同颜色的卡片拿过来。这样，不但可以让孩子记住取放的位置，还可以让他们辨别颜色。这种小游戏，既有趣又能提高孩子的记忆力。

● 24 色彩笔

如果孩子对各种颜色感兴趣，并试图说出对应颜色的名称，不妨让他们从辨识 12 色的彩笔开始，然后扩展到 24 色。

也许有的家长认为，"即便说不出颜色的名字，也不会对孩子的成长造成影响"。但实际上，即使是绿色，也分为草绿、黄绿、莺绿等，能够辨识不同的颜色，会让人生更加丰富多彩。

触觉

1 岁之前的婴儿喜欢把东西往嘴里塞，这是因为此时孩子口腔的感觉细胞十分敏感。

不过，接近3岁的时候，孩子一般就不会往嘴里随便塞东西了，因为那时他们的视觉和触觉已经变得比较发达了。从这一时期开始，要让孩子多触摸东西，并将相应的感觉用语言表达出来。

●"寻找"触觉（3岁开始）

如果仔细观察处于感觉敏感期的孩子，会发现他们经常把各种东西拿在手里玩来玩去，并享受这样的感觉。

这时候，父母要把握机会，可以问问孩子是什么感觉，"粗糙吗""光滑吗"等。刚开始，孩子可能不知道如何回答，父母可以提议"这样，我们一起来寻找粗糙的东西"，然后和孩子一起在房间玩起来。

找到手感粗糙的东西之后，和孩子一起把玩，边把玩边跟孩子说"这个东西真粗糙呀"。接触过多种不同手感的东西之后，孩子的触觉就会和"粗糙"这一概念形成一致。

孩子在日常生活中喜欢触摸各种东西，是因为他们正处于感觉敏感期，除了危险品之外，要尽可能让他们接触更多的物品。

●轻与重游戏（3岁开始）

触觉还有一种重要的表现——轻与重。

父母可以在同样大小的袋子中（看不到里面），装入不同重量的东西，然后让孩子分别提一提，告诉他们"这个轻""那个重"。

当然，也可以试着问孩子"哪个更重些"。

此外，还可以用游戏的方式多准备几个袋子，让孩子把最重的袋子拿过来。

●秘密袋（3岁开始）

这也是蒙台梭利学校最受欢迎的活动之一。

如下页图所示，准备两个一样的、带拉绳的小口袋，分别在里面放入孩子感兴趣且摸起来安全的东西，一般可以放入10种。

①让孩子从袋子里取出自己喜欢的东西放在桌子上，取的时候不能看，只能用手摸。

②告诉孩子"爸爸（妈妈）也取一个同样的东西"，然后把手伸进袋中，凭着触感拿出同样的东西。之后，跟孩子说"你看，我拿的和你拿的一样呀"，并将自己拿出的东西和孩子拿出来的东西放在一起。

③接着，告诉孩子"这次爸爸（妈妈）先来"，然后摸出一个东西，放在桌子上。

④接下来，告诉孩子"你也拿一个同样的东西出来，但是要闭上眼睛"。可以反复多次练习。

这个游戏的关键，是眼睛不能看，但是要选出同样的东西来。也就是说要暂时屏蔽视觉，发挥触觉的作用。

在蒙台梭利学校玩这种游戏的时候，一般会蒙住眼睛，让视觉以外的感觉发挥应有的作用。这也属于蒙台梭利教育所说的"感觉的孤立化"。

▲ 一起玩秘密袋

听觉

孩子的听觉要比大人敏感好几倍。比如，孩子会比大人更早听到直升机的声音，扫地机器人的声音会令他们捂上耳朵。

因此，一定要重视一生只有一次的"听觉敏感期"。

●"绝对音感"游戏（3岁开始）

据说，如果孩子在2—6岁之间没有接受正确的教育，就无法获得"绝对音感"。这一期间，孩子的听力快速提升，正好与"敏感期"保持一致。即便没法接受专门的教育，如果有钢琴等乐器，也可以让孩子通过倾听，感知音调的高低。

可以准备"哆来咪发唆拉西"卡片，让孩子在听钢琴的音高时，出示对应的卡片。

随着卡拉OK的普及，为了社交，大多数人都会唱几首歌。幼儿时期的音高训练，会影响孩子的一生。这一时期，一定要培养孩子的音乐感。

●严肃的课堂（4岁开始）

"严肃的课堂"练习，是蒙台梭利学校中最重要的活动之一。

众所周知，孩子一般喜欢跑来跑去，发出较大的声音。

对此，也要在一定时间内让孩子安静地坐下来，让他们不要太大声，养成自律的习惯。

课堂的主要内容是要求孩子们安静地坐下，并且不出声或者尽量小声。

1分钟内，保持闭目状态（感觉的孤立化），并且不能出声，如此，就可以听见许多此前从未曾听过的声音，如鸟鸣、风声、远处的车喇叭声。

1分钟后，孩子们慢慢睁开眼睛，然后和他们交流，问他们，"你们都听见了什么？"

这种安静，并非来自老师或父母的告知，而是孩子凭自己的意识获得的静谧感。

蒙台梭利认为，要想获得真正的自由，首先要成为征服自己的人。

父母可以在家里陪孩子练习，注意一定要认真对待。

味觉

据说，新生儿的味蕾要比老年人发达 2—3 倍。因此，这个时期也是刺激孩子的味蕾、培养孩子感受"五味"（酸、苦、甘、辛、咸）的最佳时期。

进食不仅可以补充孩子所需的营养，让孩子体验美食带来的快乐，还可以让孩子感受食物带来的危险。比如，酸的东西可能已经腐烂，苦的东西可能含有有害物质。

虽然蒙台梭利学校也会对味觉进行培养，但还是需要在家里进行"训练"。比如，每天吃东西的时候，家长可以通过对话告诉孩子"这个橘子真酸呀""这个蛋糕好甜呀"，培养孩子丰富的味觉感受。

品尝不同的食物，可以让孩子体验到不同的味觉。

有的孩子在饮食习惯方面好恶明显，甚至只喜欢吃一种东西。对此，父母会很担心，但只要营养均衡，没有出现明显问题，就大可不必急着强行改变。孩子的饮食应以快乐为先。

他们的人生刚刚开始，以后还有更多机会去品尝不同的东西。

嗅觉

和味觉一样，嗅觉在感知危险方面也具有十分重要的作用。

大人不妨为孩子演示一下手拿不同物品闻味道的陶醉之态。把东西放在鼻子前确认味道非常重要，对此，可以先让孩子闻一闻庭院的花香和美味的食物。

现在，不少家庭在洗衣物的时候喜欢用柔顺剂，这种香味大人闻起来可能会感觉很舒服，但是会对孩子的嗅觉造成刺激。因此，有些香料在使用时一定要注意。

无论是哪种感观体验，父母首先要做好示范，表现得快乐怡然。随着孩子感官神经逐渐发达，他们的将来也会变得更加精彩。

父母要能意识到"我们家孩子处于感觉敏感期，现在正在使用嗅觉"，这一点非常重要，在此基础上，用适当、规范的语言将这样的感觉表达出来，其实就是在践行蒙台梭利教育。

成长清单

- ☐ 让孩子分 3 个阶段掌握"感觉"。
- ☐ 父母一定要观察自己家孩子当前处于哪个感觉阶段。
- ☐ 嗅觉、味觉的锻炼，家庭活动最为关键。

语言敏感期

孩子的语言敏感期，从胎儿时期听妈妈的声音时就已经开始了。

0—3岁的幼儿前期，孩子可以通过"无意识记忆"将听取的大量内容积累起来。从3岁开始，语言就像原本放在水桶中的水一样，一下子溢出来，这就是所谓的"语言爆发期"。

这一时期与"感觉敏感期"重合，而且对于此前所看到东西的名称，孩子都想记下来。也就是说，从3岁开始，孩子会被一种强烈的冲动牵引，将此前积累的各种信息清晰地进行梳理和理解。

因此，到了语言敏感期之后，孩子经常会有"这是什么"之类的问题。

大人们听起来有些吵闹的"这是什么"，就是在这样的背景下发出的。

大人们每天忙于家务，也许会觉得这样的问题十分吵闹，但要知道，孩子这种"瞬间"的兴趣，其实十分重要。因为，这一瞬间记下来的语言词汇，他们一生也不会忘记。

这样的机会，一生只有一次。所以，家长们一定要在这一时期，帮助孩子发挥他们的语言天赋。

到底是将来因为要考试，漫灌式记忆的东西牢固，还是因为兴趣，快快乐乐记住的东西更加难忘？

当孩子记住一个物体的名称后，会进一步学习相关的形容词和语法。比如，他们会通过五感所记住的"大—小""长—短""轻—重"等词表达自己的感受。

具体而言，他们会说这是"又大又重的黑黏土"，将自己看到的或感知到的东西，用语言表达出来。这样，他们就为"成为自己人生的主人"构筑了坚实的基础。

● 相比"读"，要尽早落实"写"

几乎与频繁表达同时，孩子们"书写文字"的冲动也会被激发出来。

有的家长可能会觉得不是应该先"读"后"写"吗？但是，这一时期与孩子的运动敏感期重合，孩子会产生自由使用双手的强烈愿望。因此，相比"读"，还是先学习"写"为好。

▲ 满足孩子的写字愿望

57

语言敏感期的表现

0-3 岁

通过"无意识记忆"，
不断地吸收所见所闻。

约 3 岁

语言的爆发期① ➡ "这是什么？"

和感觉敏感期重合，想用语言表达自我。
想用语言表达 = 语言的爆发期，经常问"这是什么？"

书写敏感期

和运动敏感期重合，想动手在纸上写字。

阅读敏感期

对文字感兴趣，什么都想读一下。

语言的爆发期② ➡ "为什么？"

想知道世界是什么样的。

约 6 岁

● 玩写信的游戏

在幼儿园或托儿所，3 岁左右的孩子非常喜欢玩写信的游戏。他们会因为收到某个小朋友的信件而感到高兴不已，打开一看，其实只不过是一些凌乱的符号，而且如果不回信，甚至还会继续收到类似的信件。

这就是孩子处于"书写敏感期"，想动手写东西的具体表现。

● 用铅笔写字要分阶段

很多父母希望孩子能早点用铅笔，但使用铅笔写字必须符合手指的发育情况。突然就让孩子拿铅笔写东西，实在有违常理，只有在运动敏感期的时候，适当引导才可以。

处于运动敏感期的孩子，会用牙签穿刺东西，用针缝补，捏

▲ 灵活使用手指

59

晾衣夹，使用小镊子等，特别是开始灵活地使用食指、中指、大拇指。

需要说明的是，灵活使用这 3 根手指，是使用筷子的前提。

● 阅读敏感期

过了 4 岁，孩子会产生一种强烈的阅读愿望。对此，父母一定不能忽视，要提前创造良好的环境。

比较简单的做法是在房间各处贴上各种识图。

可以是汉语拼音表、字母表、世界地图、中国地图、鱼类分类表等。如果孩子的阅读敏感期尚未到来，就会对此视而不见。

但是，一旦阅读敏感期到来，孩子就会专注于此，甚至用手指着图片尝试阅读。

这样的情景，便是引导孩子阅读的绝佳机会。

▲ 阅读敏感期是引导孩子阅读的绝佳机会

相反，如果阅读敏感期还没到来，父母强迫孩子，给孩子不停地灌输知识也无济于事，甚至会招致孩子的厌烦。

"早期教育"与"适时教育"的差别，就在于此。

成长清单

☐ 语言敏感期与感觉敏感期一般会重合。

☐ 语言敏感期一般会按照"听" ➡ "说" ➡ "写" ➡ "读"的顺序依次发展。

☐ 贴上相关识图，就可以判断孩子的阅读敏感期是否到来。

书写敏感期

孩子并非生来就会写字。为了让孩子掌握书写能力，需要做两步准备，其一是"识字"，其二是"动手"。

●识字

在写字之前，首先要知道文字的存在。这一点，与"读"直接相关，不过每个文字字形、读音都不同，所以要让孩子在读的时候把字形和字音对应起来。

●动手

写字之前，手指的灵活运用非常重要。

特别是如果能灵活运用食指、中指和大拇指这 3 根手指，那么写字就会比较容易。

平时要有意识地使用这 3 根手指，比如，用晾衣夹晒衣服，用手指捡豆子，用镊子夹东西，下围棋，用针缝缝补补等，都属于这方面的练习。通过练习，手指可以得到充分锻炼，最终为用铅笔写字打下良好基础。

此外，喜欢使用手指这一运动敏感期的行为，也会对感觉敏感期有很大帮助。

蒙台梭利将食指、中指和大拇指称为"突出的大脑"，活动这 3 根手指，相当于大脑在进行思考。

手指的活动可以促进大脑的活力，这一点已经被脑科学研究者所证实。在各类敏感期到来之时，促进孩子手指的活动，有助于他们的大脑发育。

练字

完成上述两步之后，就可以开始练习写字了。

●砂纸文字（4 岁开始）

刚开始可以不用准备笔墨纸砚之类的东西，让孩子用自己的手指练习。

在这方面，蒙台梭利教育的教具就是"砂纸文字"。

这种教具上的文字摸起来有明显的粗糙感，孩子可以按照手感来辨字、写字。这里的粗糙感，正好利用了感觉敏感期孩子的特点，堪称完美。家里准备"砂纸文字"比较困难，不过可以考虑利用这一原理，换用其他教具。

　　父母可以挑选一些简单的字，认真地写在纸上，同时让孩子在一旁观看。写好之后，让孩子进行尝试，重点让孩子掌握书写的笔顺。

▲ 选用摸起来有粗糙感的教具

● 准备笔

　　铅笔的笔压不强，对孩子来说其实是不太好用的。因此，刚开始可以选择尖头水性笔（黑色）。这种笔用起来容易，对力气较小的孩子来说最为合适。等孩子长大一点，握笔力量变强之后，可以选用三角铅笔。

●描红（4 岁开始）

在写好的字帖上放好描图纸，然后让孩子按照字帖描字，这样会让孩子感受到"顺利书写"的成功体验。

比如，字帖上可以是孩子的名字，让他们按照字帖在描图纸上写。熟练书写自己的名字后，他们可能还会让父母把好朋友的名字写下来供自己临摹，描好后再送给好朋友。

▲ 按照字帖描字

成长清单

☐ 练习书写要分两步，第一步是识字，第二步是动手。

☐ 3 根手指相当于"突出的大脑"。

☐ 刚开始可以用尖头水性笔练习。

阅读敏感期

当孩子会读文字后，父母就会萌发让他们进入学习模式的想法。其实，0—6 岁的孩子基本上都是边玩边学。比如，指着东西念出它们的名字，就是一种学习方式。

● 读出物体名称

需要准备的东西

- 一些白色纸条（宽 3 厘米左右）
- 铅笔、尖头水性笔
- 剪刀
- 透明胶带

家长先剪出若干 3 厘米宽且长度适中的白色纸条，在上面写上房间里某个物体的名称。需要注意的是，写的时候要一笔一画慢慢写，且不能读出声。在纸条上面贴上透明胶带，然后告诉孩子"这个东西在哪里，你就把纸条贴在哪里"。

这时候，孩子肯定会兴高采烈地去找对应的物体。

这一时期的孩子非常喜欢看别人写字时的样子，因此，他们经常会认认真真地看父母写东西。

对此，可以把家里对应的相关物品都写在纸条上让孩子去练习，这样可以提升他们的辨识能力。

● 语法（5岁开始）

有人认为，让这么小的孩子学习语法，简直不可思议。但是，0—6岁的孩子完全可以掌握一些简单的语法。因为，这是他们在语言敏感期需要掌握的基本技能。

和上面读出物体名称的练习一样，家长也要准备一些白色纸条。只不过，这次还要在纸条上

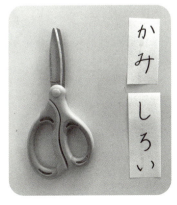

▲ 试试自己动手制作教具

67

加上一些形容词。

比如，"白纸"一词，就是在"纸"的前面加上"白"这个形容词。先让孩子读一下试试。

孩子读出来之后，就用剪刀把"白"和"纸"剪开。对此，孩子可能会感到有些吃惊。然后我们可以特意把两个字的顺序颠倒过来让孩子再读，就成了"纸白"。

这种拆分的结果，会让孩子觉得"不对劲"。然后我们再将纸条还原，并用透明胶带贴好，又成了"白纸"。

如此反复练习，孩子会认识到，一般来说形容词应该放在名词的前面。在学习语法之前，像这样简单的游戏，会让孩子乐在其中。

熟悉了形容词后，可以练练动词。比如，可以在纸条上写"用铅笔在白纸上写字"，然后再把纸条上的字剪开，形成"用""铅笔""在""白纸""上""写字"6个小纸条。最后让孩子按照自己的想法，将纸条重新排列。

▲ 让孩子按照自己的想法排列纸条

如果孩子没记住，排列的时候出现错误，他们就会想"还是哪里有问题"，然后慢慢调整，最终摆放正确。

●绕口令（5 岁开始）

读绕口令可以提升孩子的发音能力，还可以促进口腔肌肉的发育。阅读敏感期是练习绕口令的最佳时期。

把简单的绕口令写在纸条上，然后贴在玄关等地方，会别有一番趣味。每条绕口令贴一个星期，一家人每天都会沉浸在欢乐之中。

这一时期，在练习绕口令的过程中，孩子的口腔肌肉得到充分发育，以后再说什么绕口令也不在话下了。

● 提升父母的沟通技巧

语言环境中最为重要的一环就是父母的沟通技巧，如果父母总是用"孩子的语言"与孩子交流，那么孩子的语言能力就无法得到提升。

孩子过了3岁，父母就要开始用大人的语言与他们交流，要摒弃"孩子毕竟是孩子"的固有思维。

不过，父母说的内容与孩子捕捉到的信息会存在差异。因此，父母在与孩子交流的时候，要看着孩子的眼睛，如果发现孩子没有理解，就要及时换用其他方式表达。

● 不要省略助词

这是大人必须注意的一个习惯，在交流的时候，经常会省略掉一些助词。比如"给我一杯茶"等，听了这样的表达，孩子就会原封不动地记下来，因此一定要换成"请给我一杯茶"。

成长清单

☐ "读"要边玩边练。
☐ 语法可以写在不同的纸条上让孩子练习。
☐ 绕口令会让一家人都觉得快乐。
☐ 父母也应该提升自己的沟通能力。

是否应该提早进行英语教育

在最近的演讲活动中，我被问到最多的问题是"幼儿时期有没有必要让孩子学习英语"。

我的回答是"英语教育，是每个家庭都需要认真思考的问题"，因为幼儿时期的英语教育，有利也有弊。

为什么英语教育如此重要？这还要从社会背景说起。

英语教育的两大重要性

背景一：考试制度的改变

日本考试制度的巨大变化，想必大家都有所了解。特别是，英语考试从原来的"读、写"为主变成了强调"听、说、读、写"四大方面均衡发展。也就是说，英语学习重在应用。

但是，要对这四个方面进行考核就比较麻烦了。日本的基本政策是沿用民间普遍采用的 GRE（美国研究生入学考试）、ETS（美国教育考试服务中心）等考试方式。

但这种制度产生了巨大的教育差距。以前的英语教育都是在初中一年级，从"This is a pen"开始学习，直至大学入学考试，就看你能学到多少东西。从某种意义上说，这种做法非常公平。

但是，由于现在家庭教育以及教育基金的影响，孩子们学习英语的时间和时机发生了巨大变化。

很多孩子初中一年级就会获得英语4级证书，到高一的时候再取得6级证书，这样，大学入学考试英语就可以免考。

但是在民间，英语考试的花费很大，而且很多地方都没有考场。说句不合时宜的话，这就是导致日本英语教育出现巨大差距的主要原因。

此外，高中阶段提前学习英语，考大学之前能够自由选择文科或是理科的可能性就更高。这就意味着，英语可以左右孩子的职业选择。

背景二：日本的变化

近年来，日本的出生率低及人口老龄化现象越发严重，导致日本国内的就业机会急剧减少。

对于沉浸在书籍中的孩子，我不想说太过悲观的话，但是作为绝对的事实，这些问题大家不得不面对。

在经济高速增长的时代，人口大幅增加，仅仅在国内开展商业活动，就可以促进企业发展，保证国民过上优越的生活。

但是，现在的日本市场明显缩小，日本国内已不能支撑产业的发展。

因此，日本企业向海外发展或海外企业到日本投资，成为时代的必然。

以前是"只要会英语就好"的时代，而现在进入到"只要不会英语就免谈"的时代。

幼儿时期学习英语的弊端

上述说法，似乎都是在鼓吹英语教育，但要知道，这里面也有问题。因此，要关注以下三点，再决定应该怎么做。

一、母语学习变得迟钝

大多数人在0—6岁之间，基本上都可以熟练掌握母语，这是因为语言敏感期和听觉敏感期发挥了不可或缺的作用。就像淋浴一样，沐浴在母语的环境中，孩子慢慢地掌握了母语。因此，在这一时期如果让孩子接触其他国家的语言，就可能使其掌握多语能力。

但是过了这一时期，耳朵会产生一种机能，会排除母语以外的其他"噪音"，因此同时说两种语言非常困难。

需要注意的是，即使在语言敏感期和听觉敏感期也不能疏远母语。如果将两种语言同时装入大脑，那么"铅笔"和"pencil"就会在大脑中杂烩，进而导致母语学习效率降低30%。

二、交流中的弊端

3—6岁是孩子喜欢学习母语的语言敏感期，他们会非常欢快地学习母语。如果让孩子处于纯英语的环境中，就会引发强烈的反弹，令孩子说话困难，最后别说是英语，甚至连母语都不会说了。

有个托儿所的院长就认为，"对这一时期的孩子来说，张嘴吵闹最为重要"。我觉得非常有道理。因为这一时期的孩子在学习如何用自己的语言表达内心所想，所以不要勉强孩子做一些超出能力范围的事情。

不要像有的父母那样短视，觉得早点学习英语对孩子将来的考试有利。在这一时期培养他们用语言表达自己的能力，这才是最为重要的。

三、费用

培养孩子要在教育方面花钱。不管英语对以后的发展多么重要，但在幼儿时期就过度花费，无论是对孩子的成长，还是对家长以后的养老都会带来巨大问题，属于本末倒置。培养孩子是一个持续花钱的过程，一定要统筹安排，做好平衡。

那怎么办才好呢？

要想不花冤枉钱，就得相信敏感期的力量，让孩子去听地道的英语。

一天只听 15 分钟左右的地道英语，孩子的听力就会提高。比如，英语歌曲、英语动画片等，每天睡觉前或者在车上时都可以边听边练习。当然，先不要盲目追求数量。也就是说，不要把听英语当成强制任务，要让孩子快乐地享受语言熏陶。

4 岁以后，如果确信孩子已经熟练掌握了母语，这时候再让孩子开始学习英语，相对比较妥当。

如果决定让孩子去专门学习英语的幼儿园，那么在幼儿园期间学英语，在家时就要让孩子听、读母语，有意识地培养孩子的交流能力。

如果用学习英语 1.5 倍的精力学母语，那么这一时期就能让孩子同时掌握两种语言。

我反复强调，不管如何，最重要的一点是要让孩子用母语表达自己的思想。

成长清单

- ☐ 日本的考试制度和经济状况发生了巨变。
- ☐ 幼儿英语教育也有弊端。
- ☐ 要让孩子彻底听懂英语，首先要让语言进耳朵。
- ☐ 不要忘记，最重要的还是用母语表达自己的思想。

数字敏感期

有的家长在蒙台梭利学校看到孩子在学习 4 位数的加减乘除，于是提出意见，"让幼儿园的孩子学算术，岂有此理"。

但是，如果孩子自己想数数、想计算的话该怎么办呢？如果不趁此机会教孩子，那岂不是在"犯罪"？蒙台梭利学校的教育属于"适时教育"而非"早期教育"，其原因也在于此。

从某个时间开始，孩子就会对数字敏感起来，他们会被一种强烈的冲动所驱使，非常想数数，也非常想读数字。这就是数字敏感期。

需要注意的是数字敏感期"意外的迟到"。一般来说，数字敏感期是在 4 岁半到 6 岁。

因此，时间节点非常关键。如果父母忽视了这一问题，直到孩子上小学才引导孩子数数，就为时太晚了。与之相反，如果敏感期还没到来便过早地给孩子灌输数学知识，只会产生许多弊端，导致孩子厌恶数字。

实物、数词、数字三者一致最重要

孩子能从 1 数到 10，并不意味着他们正确理解了 1 到 10 这几个数字的概念。

如果不信，父母可以问一下孩子"10 前面的数字是多少""9 后面的数字是多少"，对此，孩子往往回答不出来。

这是因为孩子在读数字时就像读经书一样，并没有把实物、数词和数字一一对应起来。

这种情况其实比我们大人想到得更为常见。比如，有的家长就觉得自己家的孩子明明会数数，怎么一上小学之后却一点都不懂了呢？

这就是在数字教育方面，蒙台梭利为什么十分注重实物、数词、数字三者的一致性。

即便父母期待孩子早点掌握计算能力，但也不能脱离过程和关系。

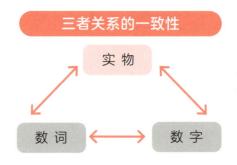

　　数字敏感期即将到来前，孩子看到各类实物时，会喜欢动手触摸、确认，然后与其他物体进行区分，将相同物体放在一起。喜欢活动手指的运动敏感期与通过视觉区别物体的感觉敏感期重合，更加有力地支持了这一活动的开展。

家庭数学教育

● 理解量词

　　1 本、2 只、3 枚等，在数字后面加上量词，能够使数字概念与现实形成一致。比如，刚开始就可以对孩子说"帮妈妈拿 3 支铅笔过来"。

● 数字卡片（4 岁半开始）

　　如果孩子能数各种东西，并能对应正确的量词，那么可以准备 1—10 的数字卡片和分别带有 1—10 个红点的卡片（注意：忽视数字 0）。

　　确认数字卡片的读法：

　　① 从 1—10 按顺序读数字。

　　② 从 1—10 按顺序摆放数字卡片。

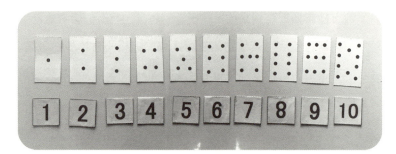

▲ 制作数字卡片

然后反过来：

①从 10—1 逆着顺序读数字。

②从 10—1 逆着顺序摆放数字卡片。

同时在读的时候，将带有红点的卡片与数字卡片对应。经过这样的训练，实物、数词、数字三者就形成了一致。

扩展游戏

在房间里放一些弹球，然后随机说出数字，让孩子按照数字取回对应数量的弹球。

所谓短期记忆，就是短时间内将相关信息存储到大脑，并对信息进行处理的能力。让孩子记住数字，然后把对应数量的弹球取过来，这一活动可以促进孩子的短期记忆能力发育。

灌输"0"的概念（5 岁开始）

关于数字"0"的存在及其意义，可以让孩子 5 岁以后再进行思考。对此，可以做以下练习。

父母可以告诉孩子"拿 0 个弹球过来"，孩子可能会不知所措。这时瞅准时机，告诉孩子"是这样的，0 就是什么也没有"，这样，孩子就会产生"0"的概念。

●数字教育的 3 个注意点

①使用实物，边玩边学。

②要像做游戏一样。

③要让孩子尝试实践。

●不要过早进行纸上练习

对孩子来说，将现实中的活动搬到纸上，其难度要比大人想的难上数倍。

如果不知道这一道理，一味地让孩子按照父母的意志过早地进行纸上学习，只会让孩子更加讨厌数字，讨厌书本。因此要想将现实搬到纸上，一定要谨慎。

成长清单

☐ 注意量词。

☐ 要让实物、数词、数字三者保持一致。

☐ 不要过早进行纸上练习。

数字敏感期的实践方法

孩子一般比较喜欢大的数字。

我们经常会在幼儿园看到这样的对话，比如有的孩子会说"我有 1 万个"，另一个孩子甚至说"我有 100 万个呢"。这种情景，古今未变。

处于数字敏感期的孩子，会在乎数字的正确性，并喜欢大数字。

不过，一般的教育是从小的东西开始学习，再扩展到大的方面。这种方法比较细致，无可厚非。

但是，这种方法是有趣还是无趣呢？在我看来，似乎缺少些生机。

蒙台梭利教育的特点就是注重从"大"开始，引入"大"的概念。也就是说，从宏观到微观。

以地理学为例，一般来说是让孩子从家周边开始学起，上学之后，再扩展到区、市、省。掌握了这些之后，再认识世界地图。

但是，蒙台梭利教育是以宇宙大爆炸为引子，让孩子先了解

▲ 孩子们感兴趣的数字游戏

宇宙的诞生，然后认识银河系、太阳系，再学习地球知识。蒙台梭利教育所使用的地球仪，是没有国界的。

国界只不过是人为划分的界线，蒙台梭利教育的这种方式，主要是告诉孩子们，大家都是地球人。

这就是格局上的区别。

数字教育，也是同样的道理。

一般的加法从 1+1=2 开始教起，确实很容易理解，知道了 2 是两个 1 相加得出的结果，但感觉不到"大的变化"。而蒙台梭利教育在教那些已经对数字有了概念的学生学加法时，会从大数字开始。

孩子们喜欢借助扭蛋机学习算术，每个数字都拿出相应数量的串珠串起来，再包好放进扭蛋机里，再随机扭出两串珠串进行计算。

通过这种实际行动，可以让孩子感受到加法就像"整合不同的数字，变成更大的数字"的一种游戏。

孩子将串珠包好后放到扭蛋机里的一瞬间，必然欣喜不已。这种愉快的活动，会让孩子觉得数字真的很有趣。

现在早已超越了1+1=2的单纯计算时代，AI算法远比人类快得多，也正确得多。人类的能力，就是要超越次元，向本质探索。

以谷歌、亚马逊等企业为代表，要想超越次元，产生新思想，在幼儿时期就得进行大量的实际体验和积累。这就需要从感知世界开始。

在自己家里，不能像蒙台梭利学校那样准备大量的串珠，但是，以下有一些类似活动，也可以在家里进行。

● **掌握十进制（5岁开始）**

准备下页图所示的手工道具，将10个串珠连在一起。做好10条这样的串珠，再连起来。这样，所有串珠加起来就有100个。

然后让孩子从1开始数，接着到10、20、30…每10个为一组，做好标记，直至数到100个。

这种活动，可以让孩子有效地掌握数字的连续性。

作为提升，也可以把串珠变成 55 或其他数字，让孩子对数字的概念更为清晰。

通过这种活动，孩子就可以掌握数字的连续性和十进制。

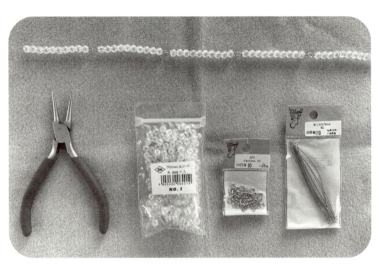

▲ 只需这些道具，就可以在家练习

● **了解数量单位（5 岁开始）**

你家离车站有多远？

你手里的包有多重？

这些问题可能会有些突然，有人觉得只要用现代化手段测量一下就可以。

　　诚然如此，但人类的感觉也因此在逐渐退化。为了今后的人生，还是应该从小培养孩子"用身体感知"的推断能力，掌握数、量、距离、时间等单位。

　　很多孩子在上了小学之后，对距离、数量、重量的掌握屡屡碰壁，这是因为他们缺乏这方面的体验，所知所感都来源于纸上。

　　所以，在感觉敏感期、运动敏感期、数字敏感期同时到来的时候，应该让孩子在快乐中了解相关数量单位。

●1 千米的距离游戏（5 岁半开始）

　　练习之前，先测孩子的步幅。如果孩子的步幅是 45 厘米，那么 1 千米除以 45 厘米，就约等于 2222 步，家长一定要事先了解这些基本信息。

　　然后，开始向车站出发，孩子可以边走边出声数。对处于数字敏感期的孩子来说，肯定十分乐意。

　　等数到 2222 步的时候就停下来，告诉孩子从家到这里大约是 1 千米的距离。

　　孩子可能还有些不解，但是他们会产生一个模糊的概念，"原来我家到邮局是 1 千米"。

　　这一时期身体感知到的 1 千米，会让孩子一生难忘。之后，他们自然会明白，这段距离的 2 倍就是 2 千米。

● 测重实验

准备下页图所示的测量仪器。

先测量 500 毫升瓶装水的重量，然后再称 1 升瓶装水的重量。这样的话，孩子就会对 500 毫升、1 升、500 克和 1 千克产生概念。

按照这些重量标准，估计书包、电脑的重量，再实际称量。整个过程像是玩游戏。

此外，在倒果汁的时候，还可以准备专门的量杯。比如，父母可以让孩子"倒 300 毫升的果汁"，以此在日常生活中锻炼孩子的数量意识。

▲ 和孩子一起尝试下测重实验吧

● 把握时间

先用秒表让孩子了解 10 秒这一时间概念，然后让孩子闭上眼睛拿着秒表，觉得到 10 秒的时候按暂停键，就算游戏完成。

这在比较喜欢竞争的年龄稍大的孩子中特别受欢迎。因此，务必让孩子试试。

注意：

有人会问，在 AI 时代为什么还要训练这些。实际上，正因为今后许多东西会被人工智能取代，所以才要按照"感觉"，把握上述数量单位。

机器也有机器的缺点，当机器出现问题发出错误的指示时，我们无须盲从，而要根据自己的感觉，质疑其中的问题。这样的能力非常重要。这也是只有人才具有的感觉判断。

成长清单

☐ 丰富的实践体验，才能产生超越次元的思想。

☐ 利用孩子对大数字的憧憬，让他们快乐地掌握大数字。

☐ 预估距离、重量、时间等数量的能力非常重要。

探索科学

　　5 岁左右时，孩子就会对社会的组织、原理充满兴趣。也就是说，孩子在这一时期会对特定领域产生深入发掘的欲望。

　　许多男孩子会对铁路、汽车、飞机、动物、昆虫、恐龙等着迷。于是，班级就有可能出现"某某博士"。

　　这一时期和语言敏感期重叠，因此即使是那些复杂的恐龙名字、汽车的品牌、电车的型号、车站名等，孩子都能如数家珍。

　　孩子一开始会带着"这是什么"的兴趣记忆相关名词，之后就会不知不觉地开始关注其中的原理，遇事便爱问"为什么"。

　　顺便说一下，我上幼儿园的时候，就被称为"恐龙博士"。各类恐龙的名称自不必说，甚至还会用黏土来制作恐龙道具。40 年后我去幼儿园从事幼儿教育，用黏土捏东西的功夫依然不减当年，因此颇受孩子们的欢迎。

　　如前所述，孩子在 3 岁左右时，一开始带着"这是什么"的兴趣记忆相关名词，之后会不知不觉地关注其中的原理，遇事便爱问个"为什么"。这就是第二阶段的语言爆发期。

　　人类有探究事物的欲望，而且会持续一生。从古代开始，前人将探索的结果传给后人，如此日积月累，才有了文化传承。

反复问"为什么"的过程中，有着人的求知本能。

因此，父母一定要为孩子创造能提升他们好奇心的环境，尽量让孩子享受其中。

●图鉴（4岁开始）

4岁以后，必须在家里为孩子准备图鉴。图鉴是孩子区分不同领域、范畴的基础，可以拓展孩子对事物的兴趣。

对此，有人可能认为玩 iPad 也挺好的，孩子可以用电脑或 iPad 现场查找，包括图像在内的信息都可以映入眼帘。这是电子产品的优点，我本人也在使用，但是其最大的缺点在于，如果没有大人的允许，就无法查阅相关内容。

与之不同的是，在自己想要看图鉴的时候，就可以从书架上取出来自己查找。这是它最大的优点。

●地球仪与国旗

我觉得，最好把地球仪或者不同国家的国旗放在已安装电视的客厅里。当新闻播出时出现某国名字的时候，就可以让孩子当场查找。

对这一年龄段的孩子来说，国旗的设计十分有魅力。可以在某些场合让孩子看看国旗，了解与国旗相关的故事。这种做法，其实比让孩子玩 iPad 或电脑更有效。

●磁石

对孩子来说，磁石就像是不可思议的魔块。至于磁石为什么会吸东西，可以暂时不让孩子去探究。

可以先让孩子体验一下，有些东西能被磁石吸附，有些则不能。

对此，可以拿出各种材质的东西，让孩子自己判断，也可以把孩子带到沙堆体验一番。

这种体验会让孩子萌发"为什么，真是不可思议"的想法。

3—6 岁的孩子，其思想世界孕育着肥沃的土壤，因此家长要在这一时期给孩子埋下好奇的种子，让他们产生探究的欲望。

●水里的沉浮现象

有的东西能浮于水面，有的东西则不能，这也会让孩子感到好奇。

对此，可以准备一个盆，在盆里放一个球，然后再注水。按照这样的方式，再尝试放入其他材质的东西，比如铁块、泡沫塑料、蔬菜、水果等，看看哪些会浮起，哪些会下沉。

此外，可以把充满空气的杯子放入水中，让孩子看看空气在水中变成气泡的样子，或者用吸管吹水泡，孩子看了也会感兴趣。即使是浴池，也能成为孩子的实验室。

● 数码相机（4岁开始）

可能会有人觉得数码相机是奢侈品，而且胶片、相片都比较贵，不适合孩子涉猎。

但随着技术革新，相机的价格已经下降，而且也不容易被弄坏。在散步或者去动物园的时候，可以让孩子带上相机记录新发现。

此时，孩子往往会按照自己独有的视角，抓拍动物的面部与尾巴等部位。拍完之后，可以冲洗出来，贴在孩子的房间。

▲ 孩子抓拍的照片

● **认识火（5岁开始）**

作为父母，一定要告诉孩子火的重要性和危险性。由于火确实比较危险，再加上现在很多东西都实现了电气化，导致孩子无法感知火的存在。但正因为危险，才有必要教给孩子关于火的知识。

可以利用野营的机会，告诉孩子火柴或者打火机的用法，并告知其危险所在。然后叮嘱孩子，在大人不在的时候，一定不要玩火。

除了上述提到的几点，还可以让孩子关注以下几个方面：

● 感知风力（风车、风筝、风铃）

● 感知太阳的存在（影子、日晷）

● 感知时间（沙漏）

● 了解放大的世界（放大镜、望远镜）

成长清单

☐ 蒙台梭利教育有时不需要特别的设施便能践行，可以充分利用周围的环境。

☐ 5岁开始学习"为什么"。

☐ 为孩子种下学习的种子，收获将为时不远。

感受自然和季节

蒙台梭利觉得每个孩子都是小科学家，都有知性的萌芽。

处于感觉敏感期的孩子，会充分调动自己敏锐的感官，去看、去听、去摸、去闻，有时也会去品味自己所能接触的一切东西，以此来确定相关东西到底是什么。

因此，这一时期一定要带孩子去户外看看。3—6 岁的孩子可以在一些聚会中，一边快乐玩耍，一边学到很多东西。

中国人是少有的能感知四季变化的民族。古人将四季分为二十四个节气，对自然变化保持着敏锐的感知力。

但是，现在住在城市公寓里的人，很难再感知季节的转换了。

因此，为了培养 AI 无法感知、只有人能切身体会的感性细胞，有必要让孩子置身于大自然的怀抱。

● 每个季节都到同一个地方散步

在不同时期前往同一个地方，就可以感知季节的变化。每天走过的园林大道，是最能感知季节更替的场所。

但是，由于城市遍地都是柏油路，交通四通八达，这样的体

▲ 带孩子接触大自然

验已经很难寻找了。对此，我建议家长最起码在每个季节都带着孩子出去散步。

条件允许的话，最好不要去人工规划好的公园，尽量去山川、森林、河谷看看自然原始的状态。每次只去一个地方，感受春天花开，夏天虫鸣，秋天树叶变色，冬天万物凋零的样子，让孩子明白四季的循环更替。

● 庭院是孩子的小小实验室

庭院就是孩子的实验室。不管多么狭小，都要向孩子开放。

如果住在公寓里，那么阳台也可以。

通过让孩子自己种东西、浇水，看植物发芽、开花、结果，体验生命的生长循环，这一点非常重要。

当然，不要让孩子在庭院里面随意活动，家长要扮演好管理者的角色。

● 关爱生命

想要孩子珍爱生命，最好的办法就是领养一只小动物。照顾小动物，可以培养孩子的责任感。

当然，小动物有的非常长寿，有的体形比较大，所以家长要让孩子知道有始有终，认真照顾它们。

● 获取食物

人们会杀掉不同的动物，做成食物吃掉。对此，也有必要让孩子知晓。

比如，带上孩子一起去钓鱼，然后用刀杀了鱼之后，放在火上烤。吃完后剩下的鱼骨头和内脏等，埋入土中使其回归自然。这样就可以让孩子体验到生命的循环。

要让孩子理解"我要开饭了"的真正含义，最好就从这一时期开始教育。

● **灾害体验（5 岁以后）**

父母也应该向孩子提及发生灾害时该怎么办的话题，并做好相应的准备。比如，可以一起思考发生灾害的时候应该带什么出来等。

看到停电的消息后，可以关掉电源，点上蜡烛一起过一晚，这也是一种非常好的共同体验。停水的时候也一样，所有身边的类似情况，都要让孩子知道其中的不容易。

● **回收身边的东西（5 岁以后）**

现在孩子们成长、生活的时代，环境和资源问题已经迫在眉睫。

为了解决这些问题，每个人都必须重视循环再利用，关注废物回收。在家里，也要定好回收规则和标准。

比如，可以召开家庭会议，提出意见，定好规则和标准，对孩子来说，这可能是他们走入社会之前最好的教育。

成长清单

- ☐ 孩子们都是小科学家。
- ☐ 要让孩子养成与他人交流分享的习惯。
- ☐ 要让孩子了解灾害、废物回收等身边的问题。

蒙台梭利教育中父亲的角色

我是 4 个孩子的父亲，因为我和妻子都是再婚，所以前面 3 个孩子其实和我并没有血缘关系。

再婚之后不久，最小的孩子诞生了。家里一下子有了 4 个孩子，对我们来说颇有压力。

有时候我甚至会因压力大而住院。那时候，多亏蒙台梭利教育帮助我。

此后，为了给像我一样在带孩子方面烦恼不已的父亲提供借鉴，我立志将蒙台梭利教育的理念传递下去。于是，我从工作了 20 年的外资企业金融部门辞职，在 50 岁时，为了取得蒙台梭利教师资格，开始到学校学习。

然后，我出版了自己的书，很多孩子的父亲反馈说"我参考了这本书，制作了蒙台梭利教具"，或者"读了书，夫妻之间在育儿方面有了更多的交流"。对我来说，这是最大的鼓励。

蒙台梭利教育是一位医生想出来的教育方法，具有良好的逻辑性，对男性来说也很好理解。这一点，我深有感触。

从 3 岁开始，孩子的兴趣会更加广泛，思维也更加成熟，因此父亲的角色愈发重要。

在我看来，是家庭在支撑着社会的运作。

比尔·盖茨、杰夫·贝佐斯、马克·扎克伯格，都属于家庭培养出的杰出人物。

小时候，他们都能带着兴趣思考"这到底是什么"，然后通过亲身体验，感受到"原来如此"，从而埋下学习的种子。

种子的播种时间，正是3—6岁。在这一阶段，一定要让孩子找到自己感兴趣的东西，然后带着疑问，通过切身体验了解其中的原理。

传统的教育一般都是家长或者老师给孩子布置作业，然后告诉孩子正确答案，然而这并非真正的学习。

在孩子的整个学习过程中，父亲不用出手，不用出声，只需做好长久的守护。也就是说，无须刻意给孩子灌输什么，只要做好陪伴"工作"就好。

今后的社会，相关预测将由AI或大数据来处理，而对人来说，最主要的是思考如何应对"不测事态"。一旦发生不测，其实更需要人的感性、感觉或者切身体验来判断。要想拥有这样的能力，就必须在孩子3—6岁的时候着重培养。

为孩子创造旅行、野炊、试验、探险等各种机会，进而培养孩子的感受力，这就是父亲的责任。

读完本书之后，希望作为父亲的你，能够吸收其中引发共鸣的部分，然后付诸实践。

审视环境

随着孩子身体的发育和心灵的成长，有必要调整家具、室内设计、玩具等相关物品。

特别是随着孩子的生长发育，既要更换一些大一点的家具，也要根据孩子的能力变化，为他们提供相应的玩具。

● 准备桌椅（3岁开始）

室内环境的关键，是为孩子提供"自给自足的环境"。因此，为孩子提供合适的桌椅尤为必要。

不管桌椅多漂亮，价格多高，如果孩子自己坐不上去或者无法在上面长时间集中注意力，就没有什么意义。要充分注意以下5点：

①坐在椅子上时，脚后跟可以着地。

②椅子要轻便、稳定，能让孩子自己搬来搬去。

③旋转椅对孩子集中精力无益，不适合这个年龄段的孩子。

④桌子对墙放，可以让孩子集中注意力，桌上的东西也不容易掉落。此外，孩子的桌子最好不要放在父母的桌子对面。

⑤孩子上幼儿园的相关物品也要让他们学会自己收拾整理。

注意：即使是卧室里的桌子，也要有利于孩子注意力的集中。

此外，孩子要用的工具，比如蜡笔、剪刀、胶水、胶带等，要放在固定位置，而相关材料，如折纸、绘画纸、绳子、箱子等，为了便于孩子使用，要准备好一定数量的。

需要注意的是，无须准备太多，而要让孩子自己学会选择。比如在催促孩子"赶紧收拾"之前，一定要看看给孩子提供的环境是否一个人就可以收拾干净。如果环境没问题，那么批评孩子的次数也会减少。

●能让孩子继续"工作"的活动环境

5 岁以后，孩子的活动会更为复杂，活动范围也更大。有时候，甚至会挑战那种一天都完成不了的"超级大作"。当孩子说出"明天再做"的时候，就证明他们的大脑已经具备了一定时期内的"记忆功能"。为了让孩子把做完的工作保存好并便于第二天继续，最好准备一个带盖的小箱子。蒙台梭利学校特别重视这样的环境。

●灵活运用识字的能力（4 岁开始）

4 岁以后，孩子会开始对物品的名称感兴趣，因此，可以把柜子或者抽屉里的东西贴上写有名称的纸条，并做好分类。当然，这些事并不是由父母独自完成，而要让孩子一起参与进来。比如，在里面放东西的时候，告诉孩子这是袜子，那是衬衫……

上了幼儿园之后，就应该让孩子知道哪些是自己的衣架，在此之前，家长可以为孩子准备好衣架，让孩子自己取衣服、自己挂衣服。

此外，还要为孩子准备好收纳筐，便于孩子放置自己脱下来的衣服、需要换洗的衣物以及睡衣等。

也要让孩子学会整理衣服。让孩子根据体型、季节变化调整柜子里的衣物，减少不必要的放置。

这么做的出发点是让孩子学会自己做出选择。父母只需要考虑怎么做，才有利于孩子的选择。

孩子5岁之后，为了做好入学准备，需要让他们学会自食其力，当然包括独自待在自己的位子上学习。

成长清单

☐ 放好桌椅。
☐ 在要求孩子收拾之前，首先要考虑是否为孩子提供了可收拾的环境。
☐ 要思考如何能让孩子学会自己选择。

告诉孩子如何选玩具

随着孩子年龄的变化，玩具也要相应地更换。

❶玩具要严选

我经常听到有的父母说："我们家的孩子思想飘忽不定，总是不能集中注意力。"

孩子会在不同阶段对不同事物表现出兴趣，这并没有什么不对。不过，如果自己家的环境过于丰富，物质过于充裕，也会引发问题。

蒙台梭利学校会对必要的教具进行筛选，然后只使用数量相对较少且容易使用的设备。这么做的目的，主要是让孩子自己做出选择，注意力保持集中。

一般来说，5岁之前的孩子面对琳琅满目的东西时，往往不知道选择哪个。因此，为孩子提供"二选一"的环境比较合适。

我们小时候，家里有一台电视，在固定的时间看一看即可。

但是现代社会，有更多可以看电视的工具，而且画面往往可以自己选择。对此，即便是大人，看电视的时候也会出现选择困难症，可想而知，如果孩子的玩具过多，那孩子该如何选择？

这时候，有必要对玩具进行"断舍离"，但是这也并不意味着父母可以随便丢掉孩子的玩具。

无论多么幼稚的玩具，在孩子看来可能都是他们的珍宝。在培养孩子的时候，也要让他们懂得珍惜。在决定丢掉之前，要和孩子商量这个玩具"要不要"，让孩子做"二选一"。

❷不要给孩子成品

对3岁多的孩子来说，他们玩玩具想获得的是其中的"窍门"，所谓"会折腾才能发现窍门"，就是这个道理。因此，与其直接给孩子"成品玩具"，不如给他们"未完的素材"，让其想办法继续完成。

手机游戏玩起来方便有趣，但是，其中的窍门到底在哪里？不管多么有趣的游戏，都应该尽量引导孩子站在游戏创造者的角度思考问题。

比如，可以准备剪刀、纸箱、胶带等材料，引导孩子自己发明游戏。这也许有些难度，但是里面充满了智慧和窍门。

❸玩具的两个种类

不知大家是否知道，玩具一般分为开放性玩具和封闭式玩具两种。

开放性玩具

像乐高这样没有什么限制，在哪里都可以玩的玩具，叫作开放性玩具。

玩具屋、塑料轨道、多美卡玩具车等，能够激发孩子思维，扩展想象力的玩具，也属于开放性玩具的范畴。

封闭式玩具

像益智游戏一样，具有一套专用规则的玩具，被称为封闭式玩具。

一般来说，益智玩具的难易程度要根据孩子的成长阶段调整，如果孩子认为太过简单，自然不会再感兴趣，那么这时候就应该考虑升级难度。

▲ 玩具的选择要符合孩子的成长阶段

相反，如果不小心买到太难的玩具，就可以先放起来，给孩子一段时间成长。

需要注意的是，玩益智玩具时，父母最好不要帮助孩子。如果一开始就帮孩子，此后遇到困难，孩子还是会让父母帮自己，这样的话，游戏的价值会大打折扣。

对孩子来说，开放性玩具和封闭式玩具都需要接触。轮换使用，有助于孩子的意识均衡发展。

❹关于"益智玩具"

给孩子买玩具时，父母一般会首先考虑最好有助于孩子学习的玩具。对此，我并非要全面否定，但是有几点需要注意。

注意点1. 要符合孩子的成长过程

有的家长想让孩子学习数字，于是给3岁的孩子买算术玩具，或者在孩子的文字敏感期还没到来的时候，就给他们买读写方面的玩具，这样过早的行为只会让孩子对数字、文字产生抵触情绪。

注意点2. 不能缺少灵活性

即使过了3岁，孩子还是更喜欢边动边学习。因此，家长应提供良好的环境和机制，让孩子动手实际操作，与之相对，有些益智玩具就显得过于呆板了。

注意点 3. 利于激发孩子的思维

如果益智玩具的玩法和解答方式是固定的，会难以激发孩子的思维。

● 父母盲目选择益智玩具的做法很危险

益智玩具本身并没有问题，问题是选择益智玩具的父母的深层心理。父母为孩子选择益智玩具，就是希望自己家的孩子比别人更早地了解文字和数字，进而有利于将来的学习。但是要知道，这样的做法反而会让孩子的成长更加迟滞。让孩子过早地学习，来证明孩子聪明的时代，应该成为过去时。

成长清单

☐ 无论是室内设计还是玩具，都应该根据孩子的成长进行调整。

☐ 玩具有两类，分为开放性玩具和封闭式玩具。

☐ 盲目选择益智游戏的父母，其实有其自己的"心理问题"。

文化、礼仪的敏感期

人可以生活在各种不同的环境之中，无论是北极还是赤道，无论是水边还是山间。除了人之外，这样的生物似乎并不多见。

比如，把生活在非洲的长颈鹿运到北极会发生什么？相反，让北极熊生活在亚热带又会怎么样？

我想，它们会因为不适应而面临死亡。因此，我们有必要理解人类强大的适应性。

为什么只有人类才能做到？这是因为在人出生之后，便拥有调整自己以适应不同环境的本能。

比如，人会适应当地的气候穿上厚薄不同的衣服，会加工当地的食物并烹饪出美味，会掌握当地的文化、风俗、礼仪。

相反，如果不能适应环境，就无法正常地生存下去。因此，孩子会观察周围的事物，然后模仿并不断学习。

但需要特别注意的是，孩子会对周围的所见所闻全盘吸收，没有判断善恶对错的能力。因此，作为孩子"范本"的父母，在言行举止方面一定要发挥良好的引导作用。

●养成审视自己的习惯

父母要认真审视自己的语言、行为、习惯。

我之前拿筷子的方法一直是错误的，但是为了教孩子，最后还是改正了。虽然改变自己从前长期坚持的习惯非常困难，但是为了孩子，一切皆有可能。

●学习家中的礼仪

教给孩子正确的礼仪、规范以及家庭内部的行为方式十分重要。对此，家长要为孩子做好示范，用自己的言行引导孩子。

在蒙台梭利学校，孩子们一般都是在大集体中快乐学习。在家里，则主要是爸爸妈妈做示范，然后让孩子变换角色来学习。对孩子来说，这无疑是最有趣的体验。

[早晚的问候]

问候是一种好习惯。刚开始，父母可以先和孩子打招呼，然后认真地看着孩子的眼睛，等待回答。如果是孩子先问候了父母，那么一定要充分肯定孩子。

还要告诉孩子拜托别人帮忙的时候，要说"请"；接受了别人的东西，要说"谢谢"。不失时机地表达感谢，是非常重要的事。

孩子不小心做错了事，告诉他们要说"对不起"。这样的实际体验非常重要，一定要教会孩子把握类似表达的时机。

当然，并不是说所有道歉都是好的，毕竟孩子有自己的一套行为规则。对此，父母要适当倾听孩子的想法，适时调整培养孩子的思路。

[咳嗽或打喷嚏时的注意点]

在照顾周围人的感受方面，父母要做好示范。

蒙台梭利曾经教给孩子即使在打喷嚏时也显得优雅得体的方法，她的演示优雅大方，让在座的孩子拍手叫绝，甚至一时成为美谈。在此之前，很少有大人会认认真真地告诉孩子在咳嗽、打喷嚏的时候应该如何处理。

[吃饭时的礼仪]

随着孩子成长，需要让他们学会家里的规矩。

比如正确使用筷子，在吃饭的时候不要发出声音等，都是父母必须告诉孩子的注意事项。如果大人自己的习惯并不正确，孩子学了错误习惯走入社会后就可能受到嘲讽，因此家长需要想办法先行调整自己的行为和习惯。

[开门与关门]

蒙台梭利教育的课程计划中，有一项就是教学生"漂亮地开门与关门"。该课程主要是以集体练习的方式，让孩子在快乐的氛围中学习如何在开门、关门的时候，既不发出声音，又动作优雅。对此，父母一定要和孩子一起在家里练习。

比如，家里是拉门的话，可以先用手握住门把手慢慢拉开，顺着拉开的空间进入房间，最后关门的时候不要发出声音。

对于这一连串的动作，父母首先要缓慢而优雅地演示，让孩子看到其中的趣味。只有这样，孩子才会满心欢喜地模仿。

[椅子的拿与放]

很多大人在搬放椅子的时候总是拖来拉去并咣当咣当地弄出声音，这样当然无法在必要的时候为孩子提供正确的示范。

椅子的搬放是蒙台梭利学校最先练习的活动之一。在这里，老师们会做好演示，让孩子们学会如何把椅子搬进搬出，如何靠近椅子并坐下，如何站起，并在全过程中不发出声音。

[轻拿轻放]

孩子很容易乱丢东西，即使父母要求他们"好好放"，孩子也无法理解。

在蒙台梭利学校，老师们会在拿东西的时候表现得优雅自然，在放东西的时候动作轻缓，来为孩子做好示范。孩子们耳濡目染，就会立即模仿起来。何况这一时期的孩子，本就是模仿的天才。

[迎接客人]

对孩子来说，迎接客人是一项非常特别的活动。如果有客人来，孩子说"请您换拖鞋""请走这边""请用热毛巾"之类的话，自然会受到客人的表扬。如此一来，孩子会马上将这些习惯印入脑海。

●学习公共场合的礼仪

除了自己家，有别人在的地方，一般被称为"公共场合"。公共场合中，每个人都有自己的不同想法，因此要尽量理解别人。这时候，让孩子学习公共场合的礼仪规范是必不可少的。

[在地铁、公交车等交通工具上]

在乘坐地铁、公交车之前，要告诉孩子"不要在车上乱跑，不要大声喧哗"，这也是最基本的乘车要求。要告诉孩子，既要不让自己被人嫌弃，也要注意乘车安全。

[让座]

要让孩子学习在车内如何给老人、孕妇让座。孩子看到父母示范，自然马上就能学会。不过，即便对大人来说，让别人"请坐"也需要一定的勇气，因此，父母要通过温和的方式鼓励孩子。

[在超市]

在购物之前，父母要告诉孩子不要触碰别人的东西，也不要在超市里面跑来跑去，以免发生危险。

此外，如果提前和孩子说好"今天不买甜点"，那么到了超市之后，孩子就不会因为想买这买那而又哭又闹。

[遇到困难或迷路的时候]

父母要告诉孩子在遇到困难的时候如何向周围的大人求助。特别是为了防止孩子迷路，需要提前让孩子记住自己家的地址和父母的电话。对此，可以做一些相关的游戏，帮助孩子记忆。这些信息，在发生灾害的时候也能用得上。

[从别人前后经过的时候]

在穿过人群往前走的时候，有多少大人会说"对不起，借过一下"？只有大人们做好表率，孩子才会做得更好。

蒙台梭利学校会以游戏的方式对这样的情形进行集体练习，在家里也可以分角色练习。只有自己从别人那里切身体验到"对不起，借过一下"时，才会感觉这么说有多么重要。

[看见垃圾的时候]

无论是家里还是公共场合，"垃圾由谁来处理"这件事都需要大家一起思考。比起扔垃圾，不如做一个看见垃圾会随手捡起来的人。

成长清单

- ☐ 孩子在出生之后，就有适应当地环境的能力。
- ☐ 父母是孩子学习礼仪的范本。
- ☐ 可以通过游戏的方式，让孩子在快乐中掌握礼仪、规则。

树立正确价值观的 "伦理道德"

今后，要想掌握孩子的行动轨迹，大概会难上加难了。

要知道在以前，孩子交了什么朋友，看了什么电视节目，在什么地方玩，父母基本上都可以清楚掌握。

因为那时候，家里只有一部电话，电视只有一台，而且经常是家人围坐在一起看，一起玩的朋友要么是同班同学，要么是附近的伙伴。

也就是说，当时孩子的交往、活动，基本可以用"线"连接，家长只要拽住线的一头，就很容易掌握孩子的活动范围。

但是现在呢？

一般来说，手机都是人手一部，而通过社交软件，孩子的交友完全实现了智能化。因此，孩子们现在不用在家围着电视转，而只需在自己房间玩智能手机。

所以，孩子们的交友范围不仅从"线"到了"点"，而且还从本国扩展到了全球，整个世界都可以轻易联通。

在最近青少年犯罪的新闻中，经常听到很多案件都是"从线上游戏中认识"开始。只要用智能手机搜索自己喜欢的游戏名，就可以在全国甚至整个世界瞬间找到和自己一起玩游戏的朋友。

这样一来，孩子和谁在哪里见面，他们见面说了什么，父母自然无从得知。

进入青春期之后，亲子之间的交流就会变得更少。孩子们有可能接触到的，是一些欺凌、偷窃、使用违法药物等父母不想让孩子接触到的信息。

当青春期的孩子面对上述诱惑的时候，父母百分之百不会在现场。

因此在某个现场，在某个瞬间，只能任由孩子自己决断。

这样的话，要想阻止错误的行动，需要怎样的精神和力量呢？

也许，孩子会想"妈妈会担心，我还是回家吧"，或者觉得"会让爸爸生气，还是放弃吧"，或者认为"会让妈妈伤心哭泣"，或者想到小时候打架的经历，联想到"会伤害朋友"，或者坚守幼儿园时期老师告诉自己的"人不能撒谎"。

最后，孩子内心的"正义感、伦理观、道德观"占据了上风，而这种思维方式则是在3—6岁的文化、礼仪敏感期形成的。

在这一时期，孩子想更多地了解自己生活的世界。正是带着这种强烈的冲动，他们开始大量地吸收本国的文化、习惯、礼仪。

在这一过程中，他们的"正义感、伦理观、道德观"逐渐形成，并最终成为自己一生的思维方式的基础。

孩子学习的范本，就是父母的言行举止。父母平日里的对话、生活方式以及对周围人的处事态度等，都会影响孩子。

在幼儿园期间，孩子会因为与朋友一起玩耍、互相配合而感到高兴，也会因为偶尔打架而产生不快，甚至重新审视友谊关系。种种体验都会成为孩子大量吸收的内容。

如果孩子在这一阶段掌握了正确的礼仪或者道德价值标准，就能较好地应对周围不同的人与环境的影响。这一时期所培养的正确价值观，也是孩子今后享受快乐人生，控制错误行为的重要基础。

● 需要批判思维

现在这个时代，各种流行的信息并非都是正确的，各类假新闻充斥于街头巷尾，因此更需要依靠正确的价值观做出判断。

在这样的背景下，批判思维尤为必要。

提起批判，很多人可能觉得是负面的东西，但实际上，合理的批判是摒弃囫囵吞枣的态度，遇事的时候要"怀疑一下是不是真的，然后由自己做出判断"。

也就是说，耳听目见的时候，并不能全部信赖 AI 的判断不求甚解，而要根据自身的思考和切身的体验做出最终判断。

想具备这样的能力，就需要在 3—6 岁的时候，让孩子养成

"为什么会这样""原来如此"的思维习惯。

成长清单

☐ 到了青春期，只能任由孩子自己决断。

☐ 孩子在幼儿期的正义感、伦理观、道德观等，会影响他们的一生。

☐ 要养成独立思考的能力，敢于怀疑"为什么"。

Chapter

2

教育的最终目的是
让孩子过得幸福

批评与表扬

了解了孩子敏感期的存在，就能在培养孩子方面有所改进，批评孩子的次数也会减少。

但是，必须批评孩子的时候，具体该怎么做呢？

对此，我们首先要知道"批评"到底是什么意思。

如果能认识到培养孩子的最终目的是让孩子自食其力，那么为了让孩子更好地适应未来生活而采取的行为就属于"批评"的范畴。

如果明白这一道理，那么在不体罚的前提下，父母就应该自信满满地给予批评。这样，孩子也能感受到父母的关爱。

相反，如果觉得批评麻烦，或者担心被孩子嫌弃而放弃对孩子的正确引导，才是对孩子的不负责。

不过需要注意的是，3 岁之前和 3 岁之后的批评方式，要有适当的变化。

❶ 语言要浅显易懂

孩子过了 3 岁之后，要尽可能用他们能听懂的语言与之交流。当然，有时候会有孩子难以理解的地方，这时候父母就要适当地改变表达方式或者语调。

比如，可以使用适合孩子的常用表达，不让孩子产生误解，或者适当地进行解释，中途可以岔开话题，甚至采用能逗笑他们的方式等。

在这个过程中，父母的认真程度尤其重要。

特别是要看着孩子的眼睛，不要眼神飘忽。即使岔开话题或者用开玩笑的态度，也要让孩子觉得"必须认真听"。

也就是说，要让孩子内心深刻地感受到"爸爸妈妈虽然平时很温柔，但是在这些问题上异常严肃"。

需要注意的是，要让孩子当场明白问题所在，而不是把问题挂在嘴边整天批评。

经过认真批评，孩子最初可能已经在反省了，但是没完没了地说，只会让孩子觉得无关痒痛。

简单、认真地批评之后，再问孩子"知道了吗"，当孩子回答"知道了"或者"对不起"后，就此打住，马上回归到日常生活的正轨。

❷欺骗是没有用的

孩子 3 岁之前的理解能力还比较低，因此父母说"你不好好睡觉就有妖怪来"之类欺骗孩子的话，是有效果的。但是，随着孩子逐渐长大，他们会知道根本就没有妖怪之类的东西。因此，父母要改变固有方式。

在3岁之后，父母就不要将其视为孩子，而要尝试用平等的态度与之交流。

4岁之后，孩子有时候会说出一番自己的大道理，这本身并非什么坏事。只要不是单纯的狡辩，父母就不应该封闭孩子理智的思维，而是应该尊重孩子的想法，然后再进一步沟通交流。

对3—6岁的孩子来说，用语言表达自己的意见、情感等，是必不可少的成长坏节。孩子一旦出现了自我表达的萌芽，家长一定要充分重视。

❸认识到其他人的存在

0—3岁的孩子超级以自我为中心，对于他人的情绪、存在压根不会关注，也不能理解。所以，有时候会觉得其他小朋友的玩具都是自己的。

但是，过了4岁，孩子就会意识到在自己之外，还有其他人存在，每个人都有独立的情感。这也是我们此前说的开始"关注他人"。

在幼儿园参加集体活动时，孩子会学着互相帮助。

因此，在批评的时候，可以说"你这么做，某某小朋友会如何如何"，或者"这样的话，下次别人使用的时候怎么办"，以此来带动孩子对问题的思考。

❹批评之后父母的"课题"

过了 3 岁，孩子会有些执拗，个性也变得鲜明起来。有时候妈妈会很难理解孩子那种带有男子汉风格的做法，这时要避免使用粗暴的语言批评孩子。

比如，他们会受周围小朋友的影响，专门说一些"拉屎、撒尿"之类大人比较讨厌的话。这种情景，是不是每个男性都经历过呢？

再比如，孩子会觉得"我想说但不敢说的话，另一个小朋友竟然有胆量说，那么我和他就是朋友"，这样的认同感会油然而生。对此，父母不必反应过激，可以先在一旁静观。

即使批评孩子"这么做不行"之后，也要回过头来反思"孩子到底想做什么"。此外，当孩子处于敏感期时，最重要的是创造一种不随意批评孩子的环境，或者使用一套行之有效的表达方式，以发展的思维方式处理与孩子的关系。

蒙台梭利教师不表扬孩子？

蒙台梭利教师一般不"表扬"孩子。这是因为处于敏感期的孩子会通过自己的意志，选择适合自己的、成长所必要的活动。

也就是说，他们的所作所为并不是为了给谁看，也不是为了获得父母或者老师的表扬。因此，肆意表扬对孩子来说反而并不友好。但是我们也要在"认可"中传递出积极的信息。

比如，通过特定的语言和认真的态度，让孩子意识到"我自己一个人努力坚持到底，大家都看在眼里"，或者"自己做的事情，对周围的人都有帮助，因此才会收到谢意"。

孩子如果将大量的时间用在大人希望的活动上而获得大人的表扬，那么下一次就会产生依赖。这种情况叫作"鼓动"。被鼓动的孩子在没有大人在场的情况下，是不愿参加相关活动的。

我曾经在一所蒙台梭利学校，看到过一个由将近40名不同年龄的孩子组成的班级，只有一个老师担任班主任。

老师坐在班级中间，孩子们自由而全神贯注地做着自己想做的活动，活动暂告一段落时，孩子会跑到老师身边，对此，老师并不表扬，只是面带微笑地说一声"不错"，然后孩子又会心满意足地回到活动中去。

当我们超越师生之间的立场，平等而充满敬意地对待孩子时，那么两者之间就像亲友一样，最终让孩子感受到"自己做完了自己喜欢做的事，真好"。

就我而言，我会被这种高尚的精神关系深深打动。

成长清单

☐ 父母批评、表扬孩子的方式需要提升。

☐ 这个年龄段是孩子表达自我思想的重要阶段。

☐ 理解了敏感期的存在，就不会随意批评孩子，而要为他们提供良好的环境。

☐ 相比表扬，认可或者平等地对待孩子更为重要。

培养孩子的 10 句禁言

对父母来说，批评孩子也会耗费能量，有时不仅没有效果，甚至还会适得其反。特别是一些不经意的口头禅，会对孩子的发展带来很大的影响。对此，我列举了以下 10 句比较常见的口头禅，希望各位家长在育儿时引以为戒。

❶ "不行！"

孩子虽然能够理解为什么禁止自己做某些事情，但是往往不知道怎么做才是对的，父母单纯告诉孩子"不行"，其实并没有效果。

比如，批评孩子"不能站在椅子上"，但是孩子怎么做才是对的呢？因此，父母应该用具体的语言告诉孩子"屁股应该好好地坐在椅子上"。

❷ "认真点！"

与第一点一样，我们告诉孩子要"认真点"时，其实孩子并不知道怎么做才算认真，因此这么说并没有效果。

对此，父母应该做好现场示范。对于一些特别难的动作，应该慢慢地多次演示。

❸ "快点！"

对孩子来说，他们并没有着急的理由。因此，父母需要将具体的理由传达给孩子，让他们知道一些活动需要他们的帮助。此外，4岁以后的孩子比较喜欢竞争，父母可以通过秒表、厨房定时器等工具，训练他们在一定时间内完成相关目标。

❹ "我都说多少次了！"

某件事发生了很多次，其中当然有原因。对此，父母要细心观察，找出问题所在。相比而言，与其说孩子听不懂的话，不如通过做好示范来解决问题。

❺ "还犯同样的错！"

和第四点一样，反反复复出现的问题一定有原因。只有分析是因为什么情况发生了这样的事，才能找到解决的方法。如果是因为物理条件的限制，那就要调整环境。

❻ "算了，我来做吧！"

"反正你也不会做""让我来做吧，这样可以早点做完"等

129

类似的话听起来亲切，但隐含着深层问题。像这样"代替"久了后，少了父母的"指示"，孩子就会不知所措。因此在培养孩子时，父母一定要注意这一点。

❼ "还是按照爸爸（妈妈）说的做吧！"

这句话会否定孩子自身潜在的可能性。也就是说，孩子好不容易想自食其力，但一听这话，就会觉得"没有爸爸妈妈，我什么也做不了"，进而毁掉自我肯定的萌芽。这样的话，孩子对父母的依赖可能会一直延续到青春期。

❽ "怎么办呢？"

这句话似乎是想促进孩子的自主性，但实际上大人心里早就有正确答案，只是想看孩子能不能做出自己期待的反应。这种做法，其实是用所谓正确的东西来套住孩子，并不能培养孩子的自主性。

❾ "班里的某某同学是这么做的！"

通过比较来操控孩子的成长有百害而无一利。比较之后，受批评的孩子会产生自卑感，而受表扬的孩子也容易蔑视别人。

特别是兄弟姐妹之间，关系会持续一生，因此必须倍加注意。包括"父亲当年如何如何"等，这样的比较也要不得。

因为记忆这种东西非常微妙，总是倾向于往自己感觉好的方向转变。

在青春期，父亲如果有精英意识，那么他和孩子之间就容易产生鸿沟。

总而言之，孩子不是父母的复制品，他们要经历自己人生的磨炼。

❿ "真是遗传！"

这种表达对大人来说很容易理解，所以总是想用遗传来解决所有问题。然而对孩子来说，自己的问题一旦被说成是遗传，就会觉得自己的成长没有意义。这种随口一说的话如果经常在孩子耳边响起，孩子就会觉得"反正是遗传，我也没办法"。类似的话，祖父母也经常说，所以一定要注意。

作为一名医生，在蒙台梭利留下的大量文献中，竟然没有一处提到"遗传"这个词。因为在她看来，"孩子出生之后，就有无限的可能性，如果有些事无法完成，那是因为物理条件存在限制，或者是因为孩子还不知道怎么去做。"

她的一生，都秉持着这样的思维方式。

"男女之别"是否已经过时

keyword 22

蒙台梭利教育并不会因为性别不同而进行区别教育。

作为意大利第一个女医生，蒙台梭利能从当时恶劣的男女环境中脱颖而出，大概从来没有考虑过男女能力有什么不同。

虽然当前的性别观念已经比较开放，但是父母或者老师固有的男女偏见仍然会影响孩子的发展。因此，对我们大人来说，男女平等必须在育儿方面落到实处。

遗憾的是，书店里该方面的书籍，一般都冠以《养育男孩》《养育女孩》之类的名字，对其进行了分类。

为什么人们觉得男孩和女孩的成长存在差异？

这是因为，男孩和女孩在敏感期所表现出的情况有所不同。有时候妈妈很难理解男孩子的活动，其原因就在于此。

男孩和女孩在0—6岁的幼儿阶段时，敏感期都会无差别到来。但3—6岁的时候，各种敏感期并行、重合，因此每个孩子的反应都会表现出很大差别，男孩和女孩的表现也会有差别。

特别是大部分处于敏感期的男孩子，活动时会十分执着，甚至做一些怪事或者干脆不听话。这种顽固劲儿，往往像谜一样让妈妈难以理解。他们有时痴迷于恐龙，有时贪恋玩具车，有时不厌其烦地玩昆虫，只要沉浸其中就一动不动。

此外，男孩子也很喜欢收集东西。在大人们看来，很多孩子都是某某迷。这可以说是这一阶段男孩子的主要特征。

与之相比，大部分女孩子则有比较强烈的交流倾向。特别是在语言敏感期的时候，她们喜欢喋喋不休，也喜欢写东西，关注色彩，对流行事物、装饰品也颇有兴趣。这时候，妈妈是她们模仿的对象，因此妈妈对女孩子的行为更容易理解并产生共鸣。

像这样，男孩和女孩之间的区别清晰可见。但是每个孩子毕竟是不同个体，他们在敏感期内的表现自然有差异。

▲ 让孩子根据自己的兴趣做出选择

比如，有的男孩喜欢手工艺，有的女孩喜欢爬虫类，只要他们玩得开心就好。也许父母不能理解，但是这样反而蕴含着各种可能性。

日本"棋圣"藤井聪太在蒙台梭利学校时，特别喜欢做编织物，据说连续做了100多个。这种集中精力的做法，在对弈中作用很大。

如果孩子一切都按照父母的想法发展，一切都按照父母的期待行动，那只能成为"育儿方面的危险信号"。

因此，我倒希望当父母看到孩子执着于某项活动，甚至父母呼喊都无动于衷时，让孩子快乐玩耍就行。

这样才能摒弃对男孩和女孩的偏见，更不会被错误的信息带偏，从而注意到孩子的真正状态。

另一方面，"像妈妈，所以这样；像爸爸，所以那样"的想法，其实并没有看到每个孩子的独特人格，因此是一种不科学的思维方式。所以，一定要摒弃先入为主的观念，认真了解孩子的现状。

如果把孩子的执着视为对世界的探索，那么父母就会看到这些行为的光辉和伟大。父母只要认真观察，就会发现这些活动的重要性。

谷歌、脸书、亚马逊的企业文化，其实都是在"执着""集中""探索"中成长起来的。

男孩子不适合蒙台梭利教育？

有的父母看到蒙台梭利学校中其他孩子安静的样子后，会问我：“我们家孩子总喜欢跑来跑去，是不是不适合蒙台梭利教育？”

孩子有其“多面性”，这一点远超父母的想象。他们有时候在外面各种折腾，有时候则会安安静静、注意力集中。

真正的“注意力集中”，是孩子在初次从事与自己成长阶段相符的活动时，所表现出的坚持与干劲。

蒙台梭利教师认为，如果在日常生活中没能看到孩子安安静静、集中精力的样子，那就是他们还没有找到自己想做的活动。这样的话，不如在敏感期内给他们提供与之相应的活动，然后再仔细观察。

蒙台梭利学校中有各种各样的活动，来供处于敏感期的孩子选择。这样一来，孩子遇到自己喜欢的活动的可能性就会大大提升。

由此来看，敏感期内那些执着心强、兴趣独特的男孩子，其实更适合蒙台梭利教育。

蒙台梭利学校是不是无法进行集体活动？

这个问题，我也经常听人问起。

在普通的幼儿园中，一般都是老师布置作业，大家一起努力，到时间后大家再一起收拾。

蒙台梭利教育属于自由保育，孩子可以选择自己喜欢的活动，做事的时候可以集中精力。

因此，就有人问："这样的话，孩子上了小学之后，会不会无法适应集体活动？"这种心情我能理解，但是作为父母，对"集体活动"的理解应该有所调整。

在经济高速增长的时代，具备集体行动的能力非常重要，也比较安全稳妥。但是，现在是一个注重"个体"的时代。

蒙台梭利教育认为集体就是个体的集合，只有个体做好了，才能在集体活动中游刃有余。也就是说，只有认识到自己的优点，才能得到别人的认可。

要知道，如今已经从"大家一样"的时代变成了"大家不同"的时代。

当然，也有人怀疑"这种想法是否有点偏"，但是这里的"偏"真的有问题吗？我想，毋宁说只有在特定的领域"偏"，才能练就突出的能力。

掌握独特技术的企业，一般会被称为"独角兽"。要想今后出现更多的独角兽企业来推动经济的持续发展，就需要一定的"偏"。作为父母，一定要有这样的意识。

成长清单

☐ 男孩和女孩的差别化认识，会影响孩子的成长。

☐ "执着"等于"探索"。

☐ 只有认识到自己的优点，才能得到别人的认可。

如何与智能设备打交道

最近我被问到最多的问题就是"我们家孩子总是沉迷于游戏，怎么说他才好呢？"

根据专业部门调查，日本10—29岁的年轻人之中有33%每天会花费2个多小时玩网络游戏。

如何更好地处理与电视、游戏、智能手机以及社交媒体之间的关系，似乎谁也没有给出正确答案。

有一种说法是，现代人一天所接触的信息分别相当于江户时代的人一年和平安时代的人一生的信息量。

人的大脑机能几乎没有变化，但是摄入的信息量如洪水暴发。大脑如果不进行处理，那么就会变成如同充斥着垃圾的屋子。

实际上，智能手机也好，电视、游戏也罢，我们的大脑一直都在无形之中处理着由此涌入的大量信息。然而，对于那些处理之后依然流入的信息，大脑会将其视为正常信息来接收，从而丧失排杂迎新的能力。

开发社交软件的程序员曾说："我们已经努力开发出了让受众

对社交软件有中毒般依赖的程序，并尽可能让受众将时间和注意力浪费在这上面"。

当有人在社交平台给他人留言后，对方会积极给予回复，于是留言者会高高兴兴地再次留言，这样的快感会刺激留言者的多巴胺分泌。

如此一来，留言者为了追求快感，会反复如此，产生中毒一样的依赖。在不知不觉中，智能设备为受众创造了一个这样的环境。

这样的"毒性"，在社会上大量存在，比如酒、烟、赌博、违法药物等。

但是，痴迷这些东西都受限制，如造成不良后果也会受到法律制裁。

然而电视节目、网络诱惑呢？

大概只能限制孩子的使用时间，规定他们的浏览内容，或者在家庭内部制定使用规则。但这些并非完全有效。

比如，孩子正打算学习的时候，朋友发来了信息，如果"已读不回"，可能会被朋友嫌弃。再比如，在网上查东西的时候，大数据根据浏览记录投送相应的广告，于是看着看着，就不小心买了东西，最后甚至连想查什么都忘了。

可能你会反省"为什么自己会这么掉链子"，但是网络世界的程序就是这样设定的，几乎没有办法避开。

这种网络中毒会对孩子的发展产生什么样的影响呢？对此，谁也不知道如何回答。

但是，守护孩子，只有靠父母。

不管怎么说，我们大人必须觉察这种危险，然后调整自己的生活。

如果妈妈和孩子说话的时候还在玩手机会怎么样？

如果爸爸在休息日一直沉迷于电视节目会怎么样？

我们无法阻止时代的进步，也不可能完全剔除这些问题的影响。对此，我们不妨尝试从以下几点做起：

- 父母要审视自己与电视节目、手机的关系，因为父母是孩子的镜子。
- 养成习惯，定好手机、电视的使用时间和结束时间。
- 设好定时器，让孩子自己按下开始键，到时间铃声响起后就停下来，这对自律的养成至关重要。
- 制定规则：吃饭的时候不看电视，大人也不玩手机。
- 看电视的时候，全家人一起看，一起欢笑一起分享，就像以前的茶歇一样。

这样会对孩子产生积极的影响。

对任何事情来说，习惯都最为重要。如果突然对孩子说"现在你是小学生了，今天只能看一小时电视"，孩子是很难接受的。

校规或者地方条例对上网时间的规定并不能解决本质问题。只有让孩子知道"这个时间不能上网，只能集中时间做该做的事"，让他们合理使用控制权，才是正确的育儿之路。必须让孩子知道，要想成为人生的主人，不能只是被动地按照网络的引诱发展，应该牢牢把握主动权，合理利用网络资源。

● 发明游戏的人

以上虽然只是我的个人之见，但无论是大人还是孩子，将宝贵的时间花在网络游戏而非重要的事或其他有趣的事上面，岂不是一种浪费？

诚然，网络游戏确实非常有趣，我也非常喜欢。但是，一味地沉迷于这种网络程序所设置的牢笼中，将永远无法跳出程序的圈子。

在 AI 开始代替人类工作的时代，据说只剩下了"发明游戏的人"与"处于游戏之中的人"两类人存在。

那么，你希望自己的孩子成为哪类人呢？

对我们大人来说，是不是应该让孩子知道比起网络游戏，自然界的趣味更大？因此，引导孩子在人与人的交往中寻找快乐，促进自我全面发展才是最重要的。

对此，我们大人首先要远离电子产品和网络世界的诱惑，然后开始在野营、垂钓、运动、读书中寻找快乐。

第一次在外面野营、第一次出去旅行，很有可能会发生一些"不测事态"。也就是说，可能会有一些不完美、不方便甚至有危险的事情随之而来，为了应对这样的问题，就需要拥有 AI 无法取代的能力，于是我们人类所有的"五感"便又得到了应用和发挥。

对于处在感觉敏感期的3—6岁的孩子来说，应该让他们充分调动"五感"，参与更多的自然体验。只有经过丰富的体验和积累，才能最终成为有所创造的人。

蒙台梭利教育之所以广受关注，就是以此为背景，在教育过程中充分重视并引导孩子的切身体验。

成长清单

☐ 要防止网络游戏、电视节目的"中毒"。

☐ 在家里制定规则，大人和孩子一起坚持。

☐ 家长应该加强孩子的切身体验，让孩子享受其中的快乐。

上小学前的准备

每年夏季，都有一群孩子要为上小学做准备。

对孩子来说，小学是一个全新的世界。

但是，孩子的心理发展有渐进性，如果这时才告诉孩子"你马上是小学生了，自己的事情要全部自己做"是不合适的，更不能要求孩子像大人一样马上就"焕然一新"。

不过，也没必要把准备工作想得那么复杂。与之前的各类准备一样，最终的目的都是让孩子自食其力。

一般来说，孩子们会对此充满期待，希望成为一名"光辉闪耀的一年级学生"。如果能充分利用孩子跃跃欲试的心理，就可以增加孩子自我提升的意愿并最终获得自食其力的勇气。

● 审视日常生活

① 要想确定几点起床合适，可以用上学时间倒推，所得出的结果基本上没问题。

② 要在让孩子自己起床的问题上下点功夫。比如，可以在前一天晚上让孩子设定闹钟，或者确定早上起来之后最先做

的事情。

③ 提前定好早餐菜单，桌上的餐具也可以由孩子自己摆放。

④ 孩子一般不会同时做好几件事，因此最好不要让他们在忙碌的早上还看电视。

⑤ 大小便时间定在吃完早餐30分钟后比较合适，这种习惯对以后也有帮助。

⑥ 换衣服、穿鞋、上学。

⑦ 回到家后，吃饭、洗浴、睡觉，最好按照固定的节奏。有秩序的生活，是孩子6岁以后的基础。

⑧ 定好看电视节目的时间。

⑨ 和孩子一起做准备活动。比如削铅笔，准备好上学要带的东西。一年级学生忘带东西，其实是父母忘带东西，最后的检查应该是父母的责任。

相关准备大致如此。也就是说，可以据此观察了解孩子的活动情况。有一些准备活动，比如孩子要穿的衣服，要背的双肩包等，可以在时间比较宽松的晚上进行，这样就能像亲子游戏一样，还充满乐趣。

● 健康、运动

正如人说"孩子总是不知疲惫"，0—6岁的孩子由于运动敏感期的支撑，总是精神满满，活动不断。

过了这一阶段后，孩子也会和大人一样感到疲劳、倦怠，做事效率低。

5岁多是运动敏感期的最后阶段，应该尽可能地让孩子多走一走，在自我挑战方面多做积累。

[学习能力]

没有必要提前学习小学阶段的知识，只需要关注孩子读、写、数等方面的基础能力。

上了小学之后，孩子暑假前的课程一般都比较轻松，之后的节奏会快速推进，因此要在相对轻松的时候打好基础。

●读出声来

在幼儿园的时候，孩子们一般都是按照老师的要求"读词语"，但是上了小学，就开始进入"读文章"的阶段了。因此，"读"的能力非常重要。

这时候的"读"不应该是一个字一个字挑着读，而要练习整句话的节奏。如果是默读，有些地方读起来可能模糊不清，因此最好读出声来。

此外，也可以让孩子读一些绘本，读的时候让孩子知道标点符号的作用。

●书写的能力

用铅笔写字的时候合理用力，可以提升自由书写的能力。

对于5岁多的孩子，大可以让他们在纸上画"迷宫"。比如，告诉孩子画的时候一定要经过迷宫的正中间，如此就可以控制孩子的焦躁情绪，使孩子沉浸其中。

此外，按照绘本的标识连接"点状图"的活动，也应该让孩子体验一番。这些在小学考试中经常出现，练习一下也算锻炼。

需要说明的是，"迷宫"与"点状图"这些纸上练习，不应该过早地让孩子涉猎。

如果孩子还小，这类活动还是颇有难度的。

孩子的实际思考和他们付诸纸上的愿望之间有时间差，如果父母不管时机，只是一味地教孩子在纸上练习，只会引发孩子的

强烈反抗，甚至导致孩子以后见到纸都会生厌。

另一方面，如果孩子兴高采烈地想练习，也不要张罗一大堆，只要准备几张纸就可以。这样可以保留孩子持续练习的欲望。也就是说，借此来引导孩子，使之养成好习惯才是关键。

● **使用道具**

要让孩子学习并掌握剪刀、胶水、蜡笔、透明胶带等日常生活基本道具的使用方法。

只有引导他们将自己的"想"落实到亲手去"做"，才能让孩子度过充实的小学生活。自由地使用道具，当然也是体验丰富人生的重要准备。

●数数

蒙台梭利教育中的数字教育，并不是为孩子上小学之前掌握加减法做准备。

只有在"数字敏感期"，孩子才会切实感受到数字世界的魅力，他们可以一边体验一边动手，在快乐中汲取知识。因此，要摒弃为小学应试做准备的思维，让孩子在切实的快乐感受中，埋下学习的种子。

成长清单

☐ 要充分利用孩子上一年级之前跃跃欲试的心理。

☐ 不要急于求成，应该通过时间积淀来增强孩子自食其力的能力。

☐ 增加孩子的实际体验，埋下学习的种子。

自我肯定感与
对社会的肯定感

对 3—6 岁的孩子来说，最主要的是掌握"自我思考的能力"，而形成这一能力的基础，就是"自我肯定感"与"对社会的肯定感"。

所谓自我肯定感，并非骄傲自大，而是"无论在哪里遇到哪种情况，都觉得自己能够努力完成计划"的乐观自信。这就是认可自己的存在，承认自己的优势。自我肯定不是去和他人比较，更不受他人的影响，而是以自我的发展为中心不断努力。

对社会的肯定感，就是"社会上有很多人，当然并非都是坏人，因此遇到困难的时候，可以求助于他人"。这是人对人的乐观态度，也是构筑人际关系的基础。

我认为，具备这两种肯定感，人生一定会幸福满满。相反，如果没有这两点，那么即使毕业于名牌大学，即使腰缠万贯，也不会有幸福的体验。

思考问题的时候是习惯以肯定的态度过滤杂质，还是以否定的态度先入为主，不同的习惯会让人生轨迹出现天壤之别。

那么，如何才能具备这两种肯定感呢？

产生肯定感的瞬间

我相信，大家应该都看过一个颇具人气、名为《初次买东西》的节目。节目中的小朋友，大概都是3岁出头。这个年龄的孩子学会了走路，开始用语言表达自己的思想。

对参加节目的孩子来说，关键就是"自己决定去哪里买东西"。

这些孩子即使心有忐忑，但是既然他们决定为父母分担家务，那么就算路上遇到恶犬，或者迷失方向，也会坚持到最后。这样一来，自己做出决定然后自己践行，最终的成就感会油然而生。

接下来，当他们一个人走在街上接触到路边和蔼可亲的叔叔或店里温柔体贴的阿姨时，会感到"除了爸爸妈妈之外，世间还有很多亲切的人"，而且"其他人也是可以信赖的"。这样，孩子们对社会的肯定感也会因此产生。

因此，也有人时常主张"让孩子多出去旅行"。

新时代要掌握什么样的能力？

和社会上的成功人士交流时，他们中的很多人都会讲到自己年轻时搭便车旅行或者背包旅行的经历。正是他们的这些特殊经历，才奠定了他们现在成功的基础。

不过，更为重要的是，如果没有自我肯定或者对社会的肯定感，搭便车旅行或者背包旅行的经历是决然不会产生的。

相信自己，相信别人，才是一切的开始。

在我看来，为他们成功奠定基础的力量，就是源于上述经历所培育出的两种肯定感。因此，要想让自己的孩子在未来的人生道路上展翅高飞，就要培养他们这两种肯定感。

如何在日常生活中培养孩子的肯定感？

1. 自己决定

不管是什么事，先从自己决定开始。是先穿鞋还是先穿衣服，孰先孰后由孩子自己决定。在"二选一"之后，再进行"三选一"，以此类推。不过，"具体如何做"对孩子来说还是有困难，一般来说要到 6 岁以后再慢慢接触。

2. 帮助孩子自食其力

自己决定，然后自己完成，这样才会产生自我肯定感。父母需要做的，就是思考"如何帮助孩子自食其力"，并为他们提供应有的条件。

相反，如果家长代替孩子做事，那么即使结局完满，孩子也不会产生自我肯定感，甚至会觉得自己"还得依靠妈妈"，从而失去自信和勇气。

如果父母要帮孩子，不妨问一句"让爸爸（妈妈）帮帮你怎么样"。蒙台梭利教育非常重视这句话。

3. 认可孩子

孩子自己决定然后自己完成后，父母不要简单地表扬"结果"，而要注意认可孩子做事的"过程"。

无论是多么小的事，对孩子来说都是初次体验，也是第一次冒险。对此，父母要认可孩子，"一个人做完，真棒"。

然后，孩子回应说"谢谢，多亏了爸爸妈妈的帮助"，这样孩子就能真切感受到自己对社会的作用，看到社会对自己的认可，这也是对人产生信赖进而认可社会的基础。

成长清单

- ☐ 要引导3—6岁的孩子产生自我肯定感和对社会的肯定感。
- ☐ 可以培养孩子"二选一"甚至"三选一"，但是"怎么做"是6岁以后的事。
- ☐ 要协助孩子"自己决定，自己完成"。

儿童期、青春期与青年期

经常有人问我："蒙台梭利教育是不是只到 6 岁？"

在海外，蒙台梭利教育一直延伸到中学阶段，其中美国就有 350 多所学校。

比较遗憾的是，日本的蒙台梭利教育目前只到小学之前，要弥补这样的不足，大概还需要数十年的努力。

另外，随着孩子不断成长，父母的育儿水平也要不断提高。本书开头就提到，父母要提前了解孩子"成长的 4 个阶段"。

孩子过了第一阶段"0—6 岁的幼儿期"之后进入小学，就进入了第二阶段的"儿童期"。

● 第二阶段：儿童期（小学 6 年）

这一时期，孩子的身心发展都比较稳定，同时也具有超强的能力来记住大量的东西，记住之后就会形成半永久记忆。

即使以后出现了认知障碍，或者忘记了家人的模样，但这一时期形成的记忆，他们不会忘记。

因此，这一时期十分适合学习。一些孩子为了进入好的中学，在小学四至六年级的时候就上补习班，每天都学到很晚。但从"学了之后就不会忘记"这一角度来看，付出最终会得到回报。

注意"帮团时期"

孩子的儿童期总体上安定平稳，但是从小学四年级开始，孩子的内心会发生一定的变化，从而影响人际交往。

此前以家庭为中心的交流模式会逐渐延伸，朋友的重要性凸显出来。

关于朋友，此前主要是自家附近或爸妈同事的孩子，友谊的建立依靠物理条件。但是到了这一时期，孩子交友时开始考虑要和自己的思维方式、价值观、兴趣一致。

这一年龄段的孩子，经常四五个人一伙，在大街上到处骑自行车，可以说在任何时代，这似乎都是他们的标配。这一阶段，也被称为"帮团时期"。

他们的圈子内部开始定好角色，排好顺序，这也可以说是开始为走向社会做准备。电影《伴我同行》，就表现了帮团时期孩子们的心路历程。

与之相近，女孩子则从时尚、兴趣出发，建立起自己的朋友圈。也正是因为"圈子"意识的强化，会产生一些排外、欺辱的问题。

对父母来说，以前周末孩子都是和他们一起出门，然而现在孩子开始和朋友在一起，跟爸妈说"拜拜"，自然令父母颇受打击。

当然，我能理解父母的这种心理，但我还是希望父母能够改变看法，将其视为孩子健康成长的一个环节。

●第三阶段：青春期（中学时代）

过了身心都比较稳定的儿童期，接下来便会迎来身心皆不安定的第三阶段"青春期"。

此前，心思向"外"的孩子们，进入青春期后会由"外"转"内"。他们会思考"我到底是谁""别人如何看待自己"之类的问题。

理想的自己和现实处境的巨大落差，会让他们异常烦恼，他们无处发泄的精力，往往会通过欺辱、自闭、暴力等形式表现出来。报纸上刊登的令人心痛的青少年问题，往往和上述情况有所关联，这不是偶然，而是必然。此外，极力避开与父母交流，也是在这一时期。对此，我们可以将其视为孩子自立到离巢的准备阶段。不得不承认，在这一阶段父母的影响比较有限。

如果无视孩子的成长规律，还像以前那样和孩子相处，甚至靠威严来恫吓他们，只能让孩子更为偏激。

因此，即便与孩子的交流有所减少，也不能完全封闭与他们沟通的大门。

与父母的影响力逐渐减小相反，朋友的影响力会不断增加。

这样一来，此前在一个圈子的朋友，彼此之间的感情会更加深厚，他们甚至会谈论一些不会告诉父母的秘密，成为所谓的"密友"。此外，他们也会更多地接受学生会里学长学姐和能够客观理解自己的老师的影响。

也就是说，青春期时父母对孩子的影响会减弱，而周围人对孩子的影响反而增强。因此，对于青春期孩子的父母来说，能给孩子的最大帮助就是"提供选择"。比如，选择高中的时候，不仅要考虑分数，还要为他们分析其他因素。

身体方面，女孩会出现月经初潮，男孩会出现梦遗，他们在激素分泌、身体发育方面出现明显变化。蒙台梭利甚至将处于青春期的孩子比作"蜕壳的螃蟹"，以此来形容他们的敏锐与危险。

从外面看，这是他们身体的发育，但同时他们的心理也会发生巨大变化。因此，父母和孩子的交流方式，或者说培养孩子的能力一定要提升。

如果用蝴蝶作比喻，青春期就好比是"化蛹"时期。在此期间，父母心无旁骛地做好守护才是最佳选择。

然后，无论是什么时期，只要有开始，当然就有结束。乌云密布的青春期后，必然会迎来晴空朗日。随着时间推移，接下来就是第四阶段的青年期。

● **第四阶段：青年期（18—24岁）**

到了青年期，孩子再一次由"内"向"外"释放精力。他们的目光开始面向未来，思考自己如何自由自在地走向社会，如何选择适合自己的职业，如何选择终身伴侣。

正如蛹羽化成蝶，变成漂亮的成虫舞动着翅膀。

在这一时期，他们看社会的视野会更加宽广，他们的体验也会更加丰富。对此，父母可以和他们一起考虑上大学、读研究生、留学、就业等多方面的问题，为他们提供更多的机会。

有的父母可能会觉得距离孩子上大学还早，但是这些都应该提前了解。沉着冷静地思考孩子的未来，为孩子规划长期的教育

▲ 3-6 岁是思考孩子教育蓝图的最佳阶段

蓝图，最佳的时间就是在孩子 3—6 岁的时候。

成长清单

- ☐ 过了 6 岁之后，孩子还会继续变化。
- ☐ 儿童期的孩子会比较稳定，但要注意"帮团问题"。
- ☐ 青春期就像化蛹，父母要安静地守护孩子。
- ☐ 在孩子的青春期时代，父母要提供条件，拓展孩子的视野。
- ☐ 上小学之前是思考孩子教育蓝图的最佳阶段。

"人的倾向性"

经过上述 4 个阶段的成长，在 24 岁成了大人之后，人是不是就不需要再成长了呢？

事实并非如此。人的成长将持续一生，直至生命结束。

构成这一事实的基调，就是蒙台梭利所提倡的"人的倾向性"。

何谓"人的倾向性"？

人类内心的一股强大力量，支撑着人越活越符合做人的标准，这就是人的倾向性。人的倾向性与出生的时代、国家、民族、社会、经济无关，是生生不息的，从古至今并将继续延伸至未来的普遍存在。

今后，社会将发生巨变，这一巨变我们无法预测。因此，我们必须把目光转向"不变的东西"，并重视对它的培育，而人不变的东西，就是人的倾向性。

当然，对人的倾向性的理解，也是我们为人父母了解自己的关键环节。

蒙台梭利所提倡的人的倾向性，有 3 点尤为重要，我要向大家总结说明。

❶ 自我调适

我们在海外旅行，初次到达预约的宾馆时，应该做些什么呢？

首先，应该找到房间，看看厕所在哪里，紧急出口在什么方向。然后展开地图，看看宾馆的位置。

确定自己的位置后，就可以安安心心地喝上一杯茶。

这种了解了自己的位置，然后获得安心的做法，就属于自我调适。

和大人一样，孩子也会做出相同的举动。比如带孩子去一个新的环境，刚开始他们会感到不安，跟在妈妈后面。之后，孩子就开始扑腾扑腾地到处探索，看看这个，瞧瞧那个，获得安心。

实际上，原始时代的先民们也一样。他们到处查看，寻找洞穴，发现水源，通过壁画留下印记，开始安稳的生活。

所以，我希望大家明白的是，对我们人类来说，往往会通过确认自己的位置来支撑自己内心的安全感。

年纪增长出现认知问题后，这种自我定位和自我调适的能力最先开始消失。这样一来，就无法确定自己所在的地方，只能在徘徊与不安中诉说回家的愿望。

不管怎么样，我希望各位家长能培养孩子自我定位和自我调适的能力，以此来应对这个充满不确定因素的时代。

我们知道，现代社会人们的自我定位和自我调适能力已经开始出现退化。

典型的例子就是"导航系统"。以前，我们都是利用地图或者罗盘来了解方向，确定位置，发挥自我定位和自我调适能力的机会很多。但是，现在我们只要按照导航的指示，一切定位就可以搞定。

在这个将一切事情都交给 AI 的时代，我们人类要培养的，就是 AI 技术和机器无法发挥作用时，处理不测事态的能力。可以说，为了让孩子适应这个充满不确定因素的时代，人类与生俱来的能力就显得非常重要。

因此，在旅行、野营初次到达新地方时，就应该让孩子充分发挥他们的这种能力。家长应该更多地为孩子提供这样的机会，不要让孩子依赖网络和机械。

蒙台梭利教育之所以 100 多年来经久不衰，就是因为非常看重人的真实体验，重在培养人本身的自我感觉能力。

❷ 适应环境

孩子在出生的时候没有任何能力，但是到了 6 岁左右，就可以适应本国或者当地的文化，掌握母语。从这一层面来说，人可以生活在任何地区。

以前，只要适应所在村落的一切东西就可以，邻村都是遥远的存在。

但是现代社会呢？

网络将整个世界联系在了一起，我们可以在家里获取世界各国的信息，听到各类人的主张和各种思想。对此，孩子们应该相信什么，应该对什么释放虔诚之心？

在现代社会，如何安放我们的内心，是一个十分复杂的问题。

因此，这个时代的心灵教育、道德、伦理、宗教等，都必须重新审视。

在这个时代，对父母来说，思考应该真正教给孩子什么，不能错失什么，才是最关键的。

❸ 发展追求

动物捕获到猎物，吃饱了之后就会休息。但是，人类不会仅仅停留在这一阶段，人类会思考更为高效的获取方式，更加美味的烹饪方法。这些是人类才有的发展追求。

人类之所以生生不息，就是不管自己多大岁数，都会把毕生掌握的东西传给下一代。如此周而复始，才有今天。

比如，大家都知道河豚有毒，但大家是如何知道的呢？迄今为止，人们在探索饮食安全的过程中，曾经有数以万计的人为此丧命。因此，关于河豚的毒性，上一代人必须告诉下一代。我们现代的文化，都是经过前人的不懈探索发展，才逐渐积累起来的。

因此，我们大人应该肩负不断探索的责任，肩负培养下一代的使命。

面对不确定的时代，只有充分认识到"哪些变，哪些不变"，才能活得更好，走得更远。

唯一不变的东西，只有人的倾向性。

成长清单

☐ 即使长大成人，人的倾向性依然会不断发展延续。
☐ 只有学会自我调适，才能找准自己的位置，获得安心。
☐ 适应环境，才能生存。
☐ 世界进步在于前人会将探索的结果传授给后人。

为孩子制订教育计划

这一节，我打算跳出蒙台梭利教师的立场来讲。话题突然转入现实中，还请大家理解。

我是蒙台梭利教师，同时也是4个孩子的父亲。

0—6岁的敏感期，是人生的重要阶段。但是，对孩子的培养，并非止步于6岁。毋宁说，这才是开始，之后还会继续产生一系列的问题。培养孩子的过程，绝对不会永远光鲜亮丽，教育也不能照本宣科，而且教育花钱也是客观事实。

正因为如此，要在孩子3—6岁间为他们考虑好，制订教育计划。

有的家长可能会疑惑地说："教育计划？我们家孩子才3岁呀！"

是的。孩子3岁，就应该制订教育计划了。

当孩子真正上了小学之后，会面临很多现实问题，到时再制订教育计划就有些捉襟见肘了。

这时，有人会质疑"虽说制订了计划，但最后也没法按计划实施"。

诚然，即使有了计划，培养孩子时也不能一成不变，过程中当然要适当调整。但是，正是因为有了最初的目标，中途的调整才有可能进行。

没有教育计划，何谈调整？如此，只能淹没在各种信息之中，或者干脆临时应付。

很多家长都因此让自己和孩子筋疲力尽，教育投入还花了一大笔，无奈之下才来了解子女教育。

制订教育计划非常重要，而区域不同，方法也大有区别。对此，我将以日本为例，就首都圈和地方城市的情况分别说明。

首都圈 ①

首都圈很多地方的中考报考率很高，甚至还有小学可供选择。

有人说"我们家孩子就读附近的公立学校，所以没有必要考虑那么多"。但是，小升初考试报考率高的地方，当孩子说"我想去补习学校"的时候，就可以得到满足。

---

① 也称东京都市圈或东京圈，是日本三大都市圈之一，是以首都东京为中心的巨型都市圈，实际范围一般包括东京都、神奈川县、千叶县、埼玉县。

我并非想否定小升初考试。我只是想告诉各位家长，儿童期的学习非常重要。

在日本，要想考中学，上补习班必不可少。小学 6 年期间，大概 3 年时间要上补习班。

因此，补习费用很高。如果是大型补习班的话，一个月费用大概 10 万日元①。要知道，这可是 10 万日元呀！

相关理由，有的家长会说"孩子说要去补习，所以没办法"，或者"作为小学的连续，所以得让孩子去"。不管如何，只要开始，家庭费用就令人不堪重负。

我反复说这些并非否定小升初考试，而是希望大家明确做一件事的目的。这样就可以提前准备，做好信息收集，然后再制订教育计划。

即便是考虑"孩子青春期的环境"，参加小升初考试也很有必要。但是，我建议在收集相关信息的时候，不要只看补习学校的宣传和孩子的分数。

地方城市

关于各地方的情况，很多家长都说"我们那里没有需要报考

---

① 折合人民币大约 5600 元。

的学校，因此制订计划没有必要，只要瞄准某某县立初中、高中就好"。客观来说，这种情况很多。

北到北海道，南到奄美大岛，我在日本各地都开过育儿教育课。很多地方都没有私立中学，家长的目标就是让孩子考入当地排名第一的县立高中。

即便如此，也需要制订教育计划。问过家长就会知道，大部分人都承认"大学在东京、大阪，确实没有办法"。不管是上哪里的中小学，最后考大学的时候都要全国打通。因此，考大学之前的学习能力、培养方式非常重要。

地方当然有地方的撒手锏，那就是学习英语。

在地方，小升初考试并非强制参加，这样就会给小学时代留下充分的育儿时间。此外，还无须花费太多的补习费用。

有了这些余力，就可以投入到英语上面。如果按照英语考试的要求逐步学习，到了高中的时候达到"准 1 级"的水平，就可以和首都圈内的学生同台角逐。此前，我们就提到过学习英语的利弊，对此要充分认知，然后放到教育计划之中。这就是地方战略。

当然，最终目的是"孩子的幸福"，考试只是手段，并非目的。

第一步：创造幸福的基础

培养孩子的最终目的，既不是想办法用低分数考上好大学，也不是让孩子找到别人都羡慕的工作。

教育的最终目的，是通过一定的途径，让孩子获得幸福。那么，如何才能让孩子获得幸福呢？

要知道，孩子未来生活的世界将和我们现在的时代大不相同。因此，培养孩子应对未知世界的能力，将是家长的重大课题。首先要从交流开始，为其创造幸福的基础。然后，朝着最终的目标制订教育计划。

第二步：父母的信息收集

父母之间通过交流，会发现很多差异和问题。虽然说是夫妻，但是不同的成长环境、地域，会导致人生观、幸福感等都有所不同。因此，父母应该就孩子培养问题尽早商议，达成一致。

此外，当前的时代和家长的学生时代相比已经发生了巨大变化，因此一定要按照最新的形势来做出判断，提升培养孩子的能力。

第三步：把握自家情况

在制订孩子教育计划时必须思考的问题就是"教育资金"。要知道，资金才是教育孩子的现实问题。

无论计划制订得多么理想，如果缺少教育资金，一切都是纸上谈兵。

比如，要先思考一下自己现在的年龄，然后算一算孩子大学毕业时自己的年龄。

还有，妈妈是家庭主妇，还是上班族？

培养孩子的地方是哪里，是不是还会换工作？

是自有房产还是租房子？

现在的存款是多少，今后收入增长如何？

在为孩子存储教育资金的同时，也要考虑自己今后的养老问题。如何平衡两者的关系，才是当前社会最大的问题。

不要因此告诉孩子"你的教育费花了太多，今后养老就靠你了"。对此，制订教育计划十分必要。

基于上述考虑，要想制订长期的教育计划，孩子 3—6 岁的时候最为合适。因此，夫妻之间一定要充分商议。

蒙台梭利教师的 12 条心得

我们蒙台梭利教师除了职业资格证外，最重要的是有一些教育心得。

蒙台梭利为我们这些教师树立了方向，她的方针印入了我们的脑海，这些方针其实也是我工作室最为醒目的招牌。我深深地感到，我们和一般老师有不同之处。

蒙台梭利并非希望每个父母都成为蒙台梭利的教师。

但是，她希望父母能够在守护孩子和培养孩子方面，掌握必要的知识。

❶ 提供相应条件

教师最重要的工作，就是为孩子提供应有的条件和环境。我深知，蒙台梭利教育的精髓，并非为孩子灌输什么，而是相信孩子的自主性，为他们提供符合个人发展的条件。

蒙台梭利教育的出发点，就是认可孩子本身就有自我教育的能力，因此只要在适当的时候给他们提供适当的环境，他们就能自己成长。

❷向孩子提供教材、教具的正确用法

在孩子选择活动的时候，为了让孩子掌握方法，父母不仅要通过语言来引导，还可以将正确的方法和顺序演示给孩子看。

❸安心守护孩子

要适当地引导孩子做相关活动时接触环境。但是，孩子活动的时候不要打扰他们，只在一旁守护就好。

❹协助孩子探索新世界

孩子集中精力做事情遇到困难的时候，要注意观察，给他们提供必要的帮助。当然，也要把握好提供帮助的时机。

❺注意倾听

如果孩子有求于父母，一定要过去看看，注意倾听。

❻深入了解

不仅要听一听孩子的表达，还要通过细致的观察，发现孩子无法用语言表达或者表达不清楚的需求。

❼尊重孩子

孩子集中精力活动的那一时刻，要理解孩子的状态，绝对不

要问来问去，随意打断或者添乱。

❽不要随意指责孩子

不要随意呵斥孩子，也不要过分指责他们。孩子在不断活动的过程中，自然会注意到自己的错误。对此，父母要安心等待。当然，为了改正相关错误，父母也可以提供最低限度的帮助。

❾孩子休息的时候，不要让他们做事情

孩子休息或者和其他孩子一起做事的时候，要"任其发展"。不要打断孩子，也不要让孩子做其他的事情。

❿要有耐心

第一次引导孩子遭到拒绝时，只需告诉孩子"我们下次再做"。然后再找机会引导。

⓫让孩子感到父母的存在

要让孩子感到"父母一直都在我身边"，这样他们才能安心、集中精力地活动。然后，父母可以与之保持适当的距离，做好守护。

⓬给予孩子安静的时间

在孩子活动时保持距离，估计孩子活动的时间，保证孩子独自坚持完成。

通过这些表述，大家是不是觉得蒙台梭利老师与在黑板前写上文字，然后让学生模仿的教师不一样？

其根本原因就在于蒙台梭利教育并不是要呈现出老师与学生、父母与孩子的这种上下关系，而是真正地把孩子当作一个普通人来对待，给予他们平等和敬意。

那么，如何才能切实保障孩子的专注力？

给予正在努力的孩子以激励之声。大家要明白，当孩子遇到困难的时候代替他们，或者很容易就拍手称赞，这种觉得"挺好"的做法，其实是对孩子的打扰甚至伤害。

蒙台梭利教育的观点是，父母只要认认真真站在自己的位置上就好，这才是最关键的一点。

因此，我希望各位父母能够吸收可以引起自己共鸣的部分。

真正的全球化与世界和平

keyword
30

蒙台梭利教育通常是从宇宙大爆炸开始讲述宇宙的诞生。

也就是要告诉孩子在广袤的宇宙、在银河系、在太阳系、在地球上，我们处于怎样一种状态。

下页图就是蒙台梭利教育使用的地球仪。

这个地球仪只有茶色和蓝色两种颜色。我们会告诉孩子"表面光滑如水的部分是海洋，表面呈茶色且粗糙的部分是陆地，我们人类居住在陆地上"。

此外，这个地球仪没有国界。我们想告诉孩子们的是，所谓国境是后人界定的东西，其实大家都是地球人。

在此基础上，再找有国界的普通地球仪，让孩子们看一看日本的位置。

大家有没有发现日本的传统

174

教育思维正好与此相反？

日本为什么培养不出具有国际视野的人，原因就在于此。

即便拼命地考取英语证书，依然不能产生真正的"国际人"。

即使从整个世界来看，"本国第一主义"的色彩也愈发浓厚。人们困在自己划定的国境内，难民和领土问题层出不穷。

现代社会似乎离真正的国际化渐行渐远。

人类都渴望和平，这是不争的事实。

但是，所谓和平仅仅是没有战火吗？

和平的本质，在人心当中。具体来说，就是指没有国界之分，大家随意往来，也没有收入的差别，更没有人饿死，人心处于安宁的状态。

▲ 蒙台梭利教育的地球仪没有国界

蒙台梭利认为，真正的和平并非依靠政治和经济，只能依靠教育来实现。

通过教育，让孩子的内心产生自我肯定感和对社会的肯定感，才能为真正的和平奠定基础。

1964 年 12 月，当身在苏格兰的蒙台梭利被问到自己的国籍是哪里时，她说："我的国家，是围绕太阳转动的星球——地球。"

如此引导那些0—6岁、尚如白纸一样的孩子，让他们从内心认识到"我是地球人"，才是世界和平的开始。借此，有必要培养孩子总览世界的眼光。

我此前曾说过，在首次使用谷歌地图的时候，我为地图的维度之高感到惊讶。从整个宇宙视野一直缩小到地球系统，其创始人拉里·佩奇和谢尔盖·布林，都是接受了蒙台梭利教育，才有了这样的成就。

脸书的马克·扎克伯格创造出了沟通世界的媒体。

维基百科的吉米·威尔士将世界的百科词典通过网络免费提供给大家使用。

亚马逊的杰夫·贝佐斯，打造了一个亚马孙河一样贯通世界的流通系统。

然后，他们把获得的一部分财富，投入到幼儿教育之中。

现在的时代，不仅要获得经济方面的成果，还是个人从地球人的视野出发，叩问如何建立和平的时代。

蒙台梭利教育在教授孩子和平意识的时候，孩子们经常会天真地询问"为什么会有国界""关税是什么""为什么大家都是地球人，却会互相残杀"之类的问题。

对此，大家作何回答？

不管如何，我们大人应该先提升自己的世界观、和平观。

结语

本书被搬上书店的时候，我估计都有第 4 个孙子了。

即将出生的孙子，要经历大约 80 年的一生。

我祝愿 TA 的一生充满希望，但是我还有很多担心之处。

至于说地震、异常天气、资源枯竭、战争等，我都不愿思虑太多，但是想想一生 80 年，总会发生各种各样的事情。

如果发生了不测事态，大概 AI 技术和以前学到的知识，甚至操作手册之类的东西，都会丧失作用。这时候，只有依靠人类本身所具有的感性、感觉和判断力来做出决定。

孩子今后要面对的，是我们大人已经创造好的世界。对此，我们无法回避。

并不是为了别人，也不是为了国家，作为活在当下的一名普通人，我们必须肩负起服务下一代的责任。

那么，我们能为下一代做些什么呢?

我想，应该为孩子提供良好的环境，让他们建立独立的人格，并且自食其力。在此之外，再也没有比这更急迫而重要的事了。因此，我希望本书对大家有所帮助。

但是，教育资源不均衡是最大的拦路虎。

教育资源不均衡产生的主要原因有两个。其一是地域发展不均。即便父母希望孩子接受良好的教育，但是孩子成长的地方存在很大的发展差异。

另一点就是收入不均。我想，可能有家长会因为定价而犹豫购买本书。在日本，这两种差距还在继续扩大。

特别是在孩子 0—6 岁这一敏感期内，如果教育资源不均衡，以后将难以弥补。这样，会对孩子的成长造成很大影响。

不过，面对这样的教育资源不均衡，如果父母掌握了育儿方面的知识，就可以得到有效解决。

如果掌握了蒙台梭利教育的育儿方式，就可以大大改善孩子的成长环境。

这些，还要依靠网络的力量。

本书主要讲述了网络的弊端，但网络当然也有优点。现在这个时代，可以通过网络随时随地获取优质免费的信息。

网络的力量，可以大大缩小地域发展不均和收入差异。

充分运用书籍、网络、邮件杂志等，蒙台梭利教育可以随时随地惠及每个人。

如果本书对大家有所帮助，我将不胜荣幸。

最后，我还想补充几句：

小男孩努力地描绘出"绿色的牛"，老师走近后告诉他"世上没有绿色的牛呀"。对此，小男孩沉稳地说"没有绿色的牛，所以我才画的"。

藤崎达宏

是让孩子成为自己人生的主人，

还是让孩子只会按照父母的要求"等待指示"，

这一切基本上都由 3-6 岁这 3 年间

父母的守护方式来决定。

图书在版编目(CIP)数据

了不起的敏感期：3-6岁蒙台梭利养育法 / (日)
藤崎达宏著；范宏涛译. – 北京：中国致公出版社, 2022（2023.9重印）
ISBN 978-7-5145-1900-6

Ⅰ. ①了… Ⅱ. ①藤… ②范… Ⅲ. ①儿童教育－早
期教育 Ⅳ. ①G61

中国版本图书馆CIP数据核字(2021)第243206号

3~6 SAIMADENO JISSENBAN MONTESSORI KYOIKU DE JISHIN TO YARUKI WO NOBASU!
by Tatsuhiro Fujisaki
Illustrated by Minami Kawai
Copyright © Tatsuhiro Fujisaki, 2020
All rights reserved.
Original Japanese edition published by Mikasa-Shobo Publishers Co., Ltd.
Simplified Chinese translation copyright © 2022 by Beijing Zito Books Co., Ltd.
This Simplified Chinese edition published by arrangement with Mikasa-Shobo Publishers Co., Ltd.,
Tokyo, through HonnoKizuna, Inc., Tokyo, and Shinwon Agency Co. Beijing Representative Office, Beijing

著作权合同登记图字：01-2021-7218

了不起的敏感期：3-6 岁蒙台梭利养育法 / [日]藤崎达宏　著　范宏涛　译
LIAOBUQI DE MINGANQI：3-6 SUI MENGTAISUOLI YANGYUFA

出　　版	中国致公出版社	
	（北京市朝阳区八里庄西里 100 号住邦 2000 大厦 1 号楼西区 21 层）	
发　　行	中国致公出版社（010-66121708）	
责任编辑	胡梦怡	
监　　制	黄　利　万　夏	
特约编辑	曹莉丽　鞠媛媛	
营销支持	曹莉丽	
责任校对	吕冬钰	
装帧设计	紫图装帧	
责任印制	邢雪莲	
印　　刷	艺堂印刷（天津）有限公司	
版　　次	2022 年 2 月第 1 版	
印　　次	2023 年 9 月第 4 次印刷	
开　　本	880 毫米 ×1230 毫米　1/32	
印　　张	6.5	
字　　数	120 千字	
书　　号	ISBN 978-7-5145-1900-6	
定　　价	56.00 元